Gabriel Palacios
Verarsch mich nicht

Gabriel Palacios

Verarsch
mich nicht

Gedankenlesen in der Beziehung

CAMEO

Copyright © 2017 Cameo Verlag, Bern
Alle Rechte vorbehalten.

Lektorat: Alexandra Heidenreich M. A., Biesenthal
Illustrationen: Andrea Möhl, Bern
Umschlaggestaltung: werbemacher gmbh, Thun
Umschlagabbildung: Remo Neuhaus, Rubigen
Model Fotos: Mauro Baldinger, Kleindöttingen
Druck und Bindung: CPI books GmbH, Leck
Printed in Germany
ISBN: 978-3-906287-31-7

Inhaltsverzeichnis

Brief an die Liebe

Leise und mit bedingungsloser Treue begleitest du uns, schenkst uns Mut, Kraft und Wärme. Mit unaufhaltsamer Zuversicht, ohne je aufzugeben, weist du uns den Weg zum Herzen, lässt uns atmen, Freude verspüren, weinen und lachen. Du warst da, bevor wir kamen, und stehst hinter uns, bis wir wieder gehen. Du blickst uns über die Schulter, wenn wir Pläne schmieden, und gibst uns ganz wortlos und doch so klare Zeichen. Stets stehst du für uns ein, wenn du über den Bauch oder den Kopf mit uns sprichst. Oder dann, wenn du für uns mal hier, mal da bei der Vernunft das Gestatten von Ausnahmen aushandelst. Du beschützt uns vor der Angst und lehrst uns das Vertrauen – uns, die wir alle dich zu sehen ersuchen. Und wenn wir glauben, dich gefunden zu haben, versteckst du dich: hinter dem Spiegel der Demut.

Du bist die Liebe.

Verbundenheit

An allererster Stelle möchte ich dir von Herzen gratulieren: Herzlichen Glückwunsch! Du warst und bist tatsächlich die oder der Schnellste von über 600 Millionen Mitbewerberinnen und Mitbewerbern. Stell dir dies vor: 600 Millionen Spermien haben dasselbe Ziel verfolgt wie du, nämlich als Erste oder Erster am Ziel zu sein. Und dennoch gibt es Momente, in denen wir an uns selbst zweifeln. Momente, in denen wir glauben, nicht zu genügen; in denen wir uns mit anderen vergleichen. Eigentlich ein eigenartiges Verhalten von uns Menschen, denn wir alle gehören zum Club der Auserwählten. Wir alle haben es geschafft: Wir dürfen jeden Morgen die Welt erleben. Wir dürfen atmen, essen, Freunde treffen, lachen und weinen; wir dürfen Emotionen verspüren und Teil des Universums sein. Ein Geschenk, das mit keinen Worten zu erklären ist. Eine tiefe Demut, die in uns allen schlummert, und uns wissen lässt, dass jede und jeder von uns ein absolutes Unikat ist. Jede und jeder von uns ist eine Gewinnerin oder ein Gewinner. Wir alle haben den Pokal erhalten: den Pokal des Lebens. Die Fähigkeit zu leben. Zu atmen. Zu fühlen. Danke, Leben.

Eines unserer ersten Gefühle, die wir wahrnehmen durften, war das Gefühl der Verbundenheit. Denn dort begann unser Leben:

in der Verbundenheit, als sich der Samen mit dem Ei verbunden hat und wir als Zeugnis der Verschmelzung – die tiefste Form der Verbundenheit – heranwachsen durften. Über eine direkte Verbindung zu unserer Mutter, die Nabelschnur, beschützt in der Hülle der Geborgenheit, wurden wir genährt und durften immer mehr Raum einnehmen. Wir durften wachsen. Uns bewegen. Und wir verspürten Sicherheit in der Verbundenheit. Über rund 280 Tage hinweg durften wir uns geweblich mit unserer Mutter verbunden fühlen. Bis dann die Entscheidung kam: die Entscheidung, dem tiefen Bedürfnis nach Freiheit zu folgen. Dem Bedürfnis, ein anderes Universum als das der geschützten Hülle besuchen zu wollen: die weitere Dimension. Wir begeben uns auf den Weg – kopfüber. Und wir finden heraus, dass unsere innere Stimme recht hatte. Es gibt eine weitere Dimension: die äußere Welt. Wir „werden geboren", obschon dies nicht wirklich etwas anderes ist, als den Raum zu wechseln und selbstständig zu atmen. Viele Menschen glauben, dass wir erst ab diesem Moment existieren, und bemerken gar nicht, dass wir ja auch im engeren Raum schon Gefühle hatten.

Mit einer Selbstverständlichkeit wird die Verbindung zur Mutter – zu unserem alten Zuhause – sofort von Geburtshelfern durchtrennt. Wir verspüren Hilflosigkeit: Zum allerersten Mal spüren wir keine geweblichen Verbindung mehr. Wir müssen uns unseren bisherigen Halt und unsere bisherige Geborgenheit nun durch Berührungen oder durch geistige Formen der Verbundenheit holen.

Alles, was dem Gefühl der geweblichen Verbundenheit nahekommt, gibt uns Sicherheit: Berührungen wie auch Streicheleinheiten oder das physische Einhüllen.

So müssen wir lernen, dass wir nun nicht mehr auf gewebliche Weise miteinander verbunden sind, sondern vielmehr geistig.

Wir werden größer und größer. Aber dieses Verlangen nach Verbundenheit bleibt. Wir gehen Beziehungen ein und bekommen Angst, wenn wir zu spüren glauben, dass diese Verbindung nicht mehr so ausgeprägt da ist. Stellen wir uns doch einfach eine Verbindung vor, die uns, wie früher die Nabelschnur dies getan hat, mit unserem Beziehungspartner verbindet. Ist die Verbindung ganz stark, fühlt es sich an wie ein Seil. Ist sie nicht mehr so ausgeprägt, erscheint sie uns nur noch als Schnur. Und nicht gar so selten kann sich die Verbindung wie ein seidener Faden anfühlen.

Angst ist die Abwesenheit dieser Verbundenheit; die Sorge, dass dieses Seil dünner werden oder die äußeren Stränge des Seils vom Partner aufgelöst werden könnten. Angst ist die Abwesenheit von Liebe, von Zuwendung, von Halt und Sicherheit. Wir glauben, dass unser Beziehungspartner nicht mehr dieselbe Stärke dieser Verbindung möchte oder eben dieses Seil ganz durchtrennen könnte. Dass die Verbindung verloren gehen könnte – wie einst, als wir unsere ersten Atemzüge nahmen.

Würden wir aber die Verbindung zu uns selbst als diejenige definieren, die uns Halt und Sicherheit gibt – das Vertrauen zu uns selbst –, so würden wir nicht ständig in einer derartigen Angst leben, andauernd Verbindungen reparieren und stärken zu müssen, nur damit sie nicht verloren gehen können. Wir würden so sehr brillieren, dass alle anderen Menschen sich eine

Form der Verbundenheit mit uns wünschen würden – wir jedoch die für uns wichtigste Verbindung in uns selbst sehen: die Verbundenheit mit uns selbst.

Ich

Die allerwichtigste Person in deinem Leben bist du.

Es freut mich, dass ich mit dir gemeinsam in die Tiefen von Beziehungen abtauchen darf. Der Kern jeder Beziehung ist, das Gegenüber richtig wahrnehmen zu können. Wenn wir uns gemeinsam im Rahmen dieses Buches auf den Weg machen, so werden wir auch in eine Form von Beziehung zueinander treten. Weil wir uns so nahe sein werden, erlaube ich mir, dich zu duzen. Mir ist auch wichtig, dass ich mich dir kurz vorstellen darf: Mein Name ist Gabriel Palacios. Das ist mein gebürtiger Name. Mein Vater war Spanier und meine Mutter ist Schweizerin. Ich bin in der Schweiz geboren und aufgewachsen, spreche aber leider kein Wort Spanisch. Grund dafür ist, dass sich mein Vater schon sehr früh das Leben genommen hat. Da war ich fünf Jahre alt.

Ich bin das jüngste von sieben Kindern und durfte in einer fantastischen Großfamilie in der Hauptstadt der Schweiz, in Bern, aufwachsen.

Diese Familie gab mir viel Halt und Geborgenheit. Ich hatte keinen ganz einfachen Start auf diesem Planeten: Ich kam per Kaiserschnitt auf die Welt. Die Nabelschnur hatte sich mir mehrfach um den Hals gewickelt und ich saß im Schneidersitz im Bauch meiner Mutter. Das hatte zur Folge, dass meine beiden Hüftgelenke ausgekugelt waren. So musste ich viele Monate lang Schienen tragen wegen meiner Hüftdysplasie.

Kaum war ich auf der Welt, vergaß ich zu atmen. Ich wurde über eine lange Zeit von Studenten im Spital über Nacht beobachtet. Man wollte herausfinden, weshalb ich jeweils zu atmen vergaß. Die Ärzte meinten, ich würde sterben, wenn man mich nicht wieder zum Atmen anregen würde. Als ich das mit dem Atmen verstanden habe, hatte ich bis zu meinem siebten Lebensjahr eine ganz eigenartige Anfallserkrankung: Ich wurde bis zu 30 Mal am Tag ohnmächtig. Bewusstlos. Allein ein Gedanke konnte einen Anfall auslösen. Es waren Krampfanfälle, für die es aber damals noch keine vergleichbaren Werte gab. Meine ganze Familie musste lernen, damit umzugehen, dass ich vielleicht nicht mehr aus der Ohnmacht erwachte. Man ging davon aus, dass durch die Zeit, die ich bewusstlos war und auch nicht atmete, mein Gehirn geschädigt wurde. Deshalb wurde ich vielen Tests unterzogen. Darunter waren auch Tests, mit denen man versuchte, mehr über diese Anfälle herauszufinden.

Ich lebte also sehr früh mit dem Gedanken, dass mit mir etwas komisch, anders war. Es war eine Herausforderung, mit den täglichen Ohnmachtsanfällen umzugehen. Ich musste akzeptieren, dass es jeden Tag Momente der Hilflosigkeit gab. Die Ohnmacht überkam mich einfach, überall. Und während dieser Ohnmachtsanfälle, während sich mein gesamter Körper verkrampfte und ich nicht mehr atmete, hatte ich innere Bilder – Bilder, die mir das Gefühl gaben, die Hilflosigkeit nicht beeinflussen zu können. Erst die Entspannung konnte die Verkrampfung lösen und den Atemfluss wieder herstellen.

Als ich langsam älter wurde und die Anfälle ausblieben, erlebte ich die schwierige Geschichte meines Vaters mit. Durch ihn wurde ich schon sehr früh mit den seelischen Tiefs eines Menschen konfrontiert. Der Suizid meines Vaters hat mich stark geprägt. Mein Vater war aufgrund seiner Diagnose sehr oft in der psychiatrischen Klinik und kam nur an den Wochenenden nach Hause. Als er sich aus der Klinik selbst entlassen wollte und ausnahmsweise an einem Mittwochabend zu Hause war und mit uns zu Abend aß, trat plötzlich das ein, wovor wir alle Angst hatten und von dem wir so sehr gehofft hatten, dass es nie passieren würde: Die Abrechnung meines Vaters mit seinem eigenen Leben. Es hatte ein schöner gemeinsamer Abend werden sollen. Doch mein Vater stand von seinem Stuhl am Esstisch auf, ergriff die Tischplatte mit beiden Händen und warf den gesamten Tisch mitsamt dem Geschirr und dem Essen darauf um. Anschließend warf er seinen Stuhl und die übrigen Möbel durch die geschlossenen Fenster hinaus. Die Fenster zerbrachen.

Panik brach unter uns aus und wir alle rannten davon. Wir flüchteten vor unserem eigenen Vater, der uns über all die Jahre so liebevoll und fürsorglich großgezogen hatte; der nie einer Fliege etwas zuleide getan hatte. Womöglich wusste er genau deshalb, dass sein Handeln tiefe Wunden hinterlassen würde. Er rannte in die Innenstadt und tat, was uns alle tief verletzt hat: seinen Sprung in die Freiheit.

Mit diesem Verlust hatte ich lange zu kämpfen. Ich konnte meinem Vater nicht vergeben. In der Schule bezeichnete ich ihn als Feigling, der uns alle verlassen hatte. Auch den Lehrkräften in der Schule fiel auf, wie sehr wir unter dem Verlust litten. So kaufte uns meine Mutter kurzerhand einen kleinen Familienhund: Enzo. Enzo war ein Cavalier King Charles Spaniel mit rotem Fell, so rot wie meine Haare. In unserer Familie sind bis auf meine drei Halbschwestern aus erster Ehe meiner Mutter alle rothaarig. Enzo gab mir das Gefühl, nicht alleine zu sein mit meinem roten Schopf. Wenn ich in der Schule gemobbt wurde wegen meiner Haare und der Sommersprossen im Gesicht, leckte mir Enzo über die Wange, sobald ich aus der Schule zurück war. Enzo konnte meine Gedanken lesen.

Alles, was ich bis dahin erlebt hatte, hat mich so sehr geprägt, dass mein Interesse an dem nicht Greifbaren unermesslich groß wurde. Ich wusste und spürte, dass da mehr ist zwischen Himmel und Erde, als wir Menschen mit unseren fünf Sinnen wahrnehmen können. Damals als Kind meinte ich, das wäre wie Zauberei, deshalb erlernte ich auch die klassischen Zaubertricks. Mit diesen Fertigkeiten reiste ich quer durchs Land und führte meine Zauberkünste auf. So lernte ich schon mit 14 Jahren, autonom mit Geld umzugehen, denn für meine Auftritte erhielt ich jeweils ein Honorar. Das hat mich sehr früh erwachsen werden lassen. Die Leute, die mich damals gebucht haben, schätzten mich auf 25. Natürlich erhöhte dies den Druck auf mich, sodass ich mich während meiner Auftritte sehr reif verhielt. Noch reifer, als ich ohnehin schon war.

Heute, als erwachsener Mensch und als Therapeut mit einer eigenen Praxis, stelle ich fest, dass unsere Vergangenheit und die tiefen Prägungen unser Verhalten im Hier und Jetzt noch stark beeinflussen können. Sie können uns beeinflussen in unserem

Sozialverhalten, in der Partnerwahl, in der beruflichen Ausrichtung und in unserem Denken. Sie begründen unsere Ängste und Sorgen, unsere Süchte und unser Begehren.

Deshalb ist die Liebesbeziehung diejenige Konstellation, die unsere alten Wunden am stärksten wieder aufreißen kann. In der Liebesbeziehung machen wir uns verletzbar; wir treten in Verbindung zu einem Menschen, lernen, diesem zu vertrauen, uns in dessen Arme fallen zu lassen. Es kommen dieselben Ängste auf, wie wir sie schon hatten, als wir ganz klein waren: die Angst, alleingelassen zu werden; die Angst, nicht wichtig genug zu sein, wenn das eigene Vertrauen verletzt wird. Die Angst, nicht zu genügen, wenn man uns betrügt. Der Situation hilflos ausgesetzt zu sein, wenn man uns verlässt.

Deshalb ist es wichtig, sich selbst nahe zu sein. So nahe, dass man in die Tiefen der eigenen Seele blicken kann. Die eigenen Bedürfnisse sollten durch die Beziehung positiv genährt werden können, ohne dass wir verletzt werden.

Dieses Buch soll dir dabei helfen, dich selbst als den wichtigsten Menschen in deinem Leben zu betrachten. Es wird dir zeigen, wie du dich vor Menschen schützt, die deine Wunden nur noch tiefer machen, als sie es ohnehin schon sind – Menschen, die auf Kosten des Beziehungspartners ihre eigenen Wunden nicht wahrhaben wollen, aber dabei den Menschen wehtun, von denen sie eigentlich geliebt werden.

Ich werde dir konkrete Tipps geben. Ich werde dir Techniken zeigen, die mich als Therapeut und Ausbilder auf den Weg des Erfolgs geführt haben.

Du wirst dich vielleicht fragen, weshalb ausgerechnet ich dir diese Tipps geben kann. Der Grund ist der, dass meine private Vergangenheit mich stark geprägt und auf einen anderen Weg geführt hat. Ich las schon als Teenager Bücher, welche selbst die meisten Erwachsenen nie lesen würden – weil es Fachbücher waren. Ich erlernte den Mentalismus – das Gedankenlesen anhand der gesamten Kommunikation eines Menschen –, verbal wie nonverbal. Mit 19 Jahren nahm ich an Uri Gellers TV-Highlight im deutschen Privatfernsehen teil und war unmittelbar rund zwei Millionen Menschen wöchentlich ausgesetzt. Zeitgleich vertiefte ich mein Wissen in der Hypnosetherapie. Heute bin ich nicht nur Hypnosetherapieausbilder für zwei Verbände – darunter für den ältesten und größten Hypnoseverband der Welt –, sondern darf mich auch Präsident des Verbandes Schweizer Hypnosetherapeuten nennen, Leiter eines eigenen Therapiezentrums und Autor mehrerer Bestseller sowie Buchverleger des Schweizer Bestsellerverlages Cameo.

All die Materie, mit der ich mich schon sehr früh auseinandergesetzt habe, hat meine Fähigkeiten so geformt, dass ich heute Menschen „lesen" und deren Gedanken erkennen kann, meist noch bevor diese ihre eigenen Gedanken selbst bewusst wahrnehmen.

Über meine Fertigkeit als Ex-Zauberkünstler verfüge ich über das Wissen darüber, wie andere uns mit Illusionen zu täuschen versuchen. Denn es ist nun mal der Fall: Auch in unserem sozialen Umfeld gibt es leider sehr viele Illusionisten.

Von meiner früheren Tätigkeit als Mentalist weiß ich, wie man verdeckte Kommunikation erkennt und entschlüsselt. Wie man die Wahrheit findet – selbst dann, wenn man keinen einzigen materiellen Beweis zur Hand hat.

Meine Erfahrung als Hypnoseexperte hilft mir dabei, dir zu vermitteln, wie man versucht, uns zu beeinflussen; wie Suggestionen unser Unterbewusstsein manipulieren und wie man sich davor schützt.

Und mit meinem Wissen als Therapeut und als Paartherapeut möchte ich dir verdeutlichen, wie wir an unseren eigenen Ängsten und Prägungen dergestalt arbeiten können, dass wir nicht immer alles Negative auf den Beziehungspartner projizieren; wir können stattdessen unser Leben und insbesondere unsere Beziehung in vollen Zügen genießen. Das Gedankenlesen, in das ich dich in diesem Buch einführen werde, soll dir dabei behilflich sein, deinen Beziehungspartner besser zu verstehen, sodass du die Beziehung so bereichernd wie nur möglich gestalten kannst. Dies fällt uns insbesondere dann leichter, wenn wir die Gedanken unseres Partners kennen, noch bevor er sie ausspricht. Es gibt kaum etwas Schöneres, als die Gedanken des Gegenübers lesen zu können, ohne miteinander zu sprechen – allein mit Blicken, mit der Energie und mit all dem, was zwischen uns und dem Beziehungspartner fließt, kommunizieren zu können. So erkennt man zum Beispiel, ohne miteinander zu reden, wenn der Partner etwas nicht möchte oder eben etwas möchte, es aber nicht aussprechen kann oder will. Wir erkennen, wenn den Beziehungspartner irgendetwas beschäftigt. Wir erkennen aber auch durch das Gedankenlesen, wenn der Beziehungspartner Freude empfindet, sich glücklich und erfüllt fühlt und wir das gemeinsame Sein einfach genießen können.

Natürlich soll dir das Lesen der Gedanken deines Gegenübers auch dabei behilflich sein, dich vor einem möglicherweise verletzenden Verhalten des Partners zu schützen. Denn du hast es in keiner Weise verdient, verarscht zu werden.

Wir alle kennen das: Unser Bauchgefühl sagt uns, dass irgendetwas nicht stimmt. Wenn unser Bauch – unser Unterbewusstsein – eigentlich weiß, wie der Hase läuft, unser Kopf und unser Herz aber versuchen, das Negative zu verdrängen. Bis es uns letztendlich doch einholt, weil die verletzenden Verhaltensweisen des Gegenübers, die wir immer schon geahnt haben, sich plötzlich als real abzeichnen. Und schlagartig steht unsere Welt kopf. Wir sind verletzt und am Boden zerstört, weil wir doch so sehr gehofft haben, dass sich unser Bauchgefühl all die Zeit über geirrt haben könnte. Wir schwören uns, in Zukunft nur noch auf uns selbst und auf unsere innere Stimme zu hören. Bis dann wieder das Herz spricht und meint, dass es diesmal ganz anders sei. Unser Kopf versucht, uns Beweise zu liefern. Beweise dafür, dass unser Bauchgefühl sich täuscht. Das funktioniert auch ziemlich gut – auch wenn Bauch und Kopf und Bauch und Herz immer wieder miteinander streiten.

Um dies zu verhindern, möchte ich dir Techniken an die Hand geben, die die Gedanken deines Gegenübers über die Kommunikation sichtbar und erfahrbar machen. Nicht nur erfahrbar für den Kopf – auch für den Bauch und für das Herz.

Diese Techniken und die gesamte Thematik beziehe ich in diesem Buch primär auf unser Beziehungsleben im Sinne des Liebeslebens, aus dem einfachen Grund, weil wir uns selbst sehr nahe sind in Liebesbeziehungen. In der Liebesbeziehung spiegelt uns nicht nur das Gegenüber, sondern wir machen uns verletzbar. Unsere Ängste kommen an die Oberfläche und wir verarbeiten unsere tiefen Prägungen und Verletzungen aus unserer Kindheit und Jugend und unsere sonstigen Erfahrungen wie beispielsweise negative Erfahrungen aus vergangenen Beziehungen. Das Gefühl, nicht zu genügen, ist in negativen Beziehungssituationen eines der häufigsten Gefühle; das Gefühl, alleingelassen zu werden; das Gefühl, nicht wichtig genug zu sein, um mit einem Menschen verbunden bleiben zu können. Und weil diese Gefühle bereits in den ersten Kennenlernphasen aufkommen können, birgt der Inhalt dieses Buches besonders für Singles wesentliche Informationen.

Unser Unterbewusstsein mag sich in Momenten all dieser Ängste daran erinnern, dass unsere wichtigste Verbindung überhaupt - die Verbindung zu unserer Mutter - schon einmal auf traumatische Art und Weise gekappt wurde beim Durchtrennen der Nabelschnur. Jede Liebesbeziehung stellt nun erneut eine Art Nabelschnur dar - nur nicht im geweblichen Sinne. Die Angst kommt auf, dass die Verbindung wieder getrennt werden könnte, dass wir wieder so hilflos werden wie damals unmittelbar nach unserer Geburt. Wir haben das Gefühl, stets genügen zu müssen, denn das gibt uns eine Art Scheinsicherheit. Wir glauben, das Gegenüber hätte dann keinen Grund, die Verbindung - die „Nabelschnur" - zu trennen. Wenn wir verstehen - und damit meine ich, auch unbewusst wissen und fühlen -, dass wir nicht mehr hilflos sind, wenn unser Beziehungspartner die Verbindung trennt, sondern dass wir stets selbstsicher und stark bleiben dürfen, hätten wir nicht mehr diese Angst in uns, nicht genügen zu können. Wir würden eine tiefe Liebe zu uns selbst fühlen. Und wir wüssten, dass diese tiefe Selbstliebe uns wie ein wunderschönes großes und sanftes Netz auffangen würde. Auch darum wird es in diesem Buch gehen: um spezifische Ansätze, wie wir unsere Selbstliebe gezielt stärken und zelebrieren. Denn wenn es etwas zu feiern gibt, dann ist es die Tatsache, dass es uns gibt und dass wir wunderbar sind. Auch werden wir uns in diesem Buch damit befassen, weshalb wir durch unbewusste Muster immer dieselben Beziehungspartner anziehen und was das eben mit uns selbst zu tun hat.

Wenn ich in diesem Buch von Beziehungspartnern spreche, so meine ich damit die männliche wie die weibliche Form. Ich meine damit Beziehungspartner, Verlobter oder Mann genauso wie Beziehungspartnerin, Verlobte oder Frau. Der Einfachheit halber werde ich in diesem Buch von Beziehungen und Partnern sprechen und meine damit Liebesbeziehungen und Beziehungspartner. Und ich werde mir erlauben, von Partnern zu schreiben, und meine damit die männliche wie auch die weibliche Form. Auch wenn ich in diesem Buch vornehmlich Liebesbeziehungen darstelle, wirst du all die Perspektiven, die du dir in diesem Buch aneignest, auch auf Beziehungen anderer Art anwenden können, beispielsweise auf Freundschaften oder auf berufliche Beziehungen. Auch hier kann dir das Lesen von Gedanken sehr dienlich sein. Nicht nur zu deinem eigenen Schutze, sondern auch zu förderlichen Zwecken, um die Aspekte der gemeinsamen Verbundenheit positiv zu nutzen. Deine Beziehungen sollen dich stärken. Sie sollen dich tragen und dir dabei behilflich sein, voranzukommen, dorthin, wohin du gerne gelangen möchtest. Die Beziehung soll deinen wunderbaren Wert untermalen, dich glücklich machen und dir zeigen, wie wichtig, wie schön, wie intelligent und wie absolut einzigartig du bist.

Weil du dich selbst liebst, zweifelst du keine Sekunde mehr daran, wie unglaublich liebenswert du bist. Liebens-wert. Du bist es wert, geliebt zu werden.

Das Verhör

Seit wir fühlen können, durften wir Schutz und Geborgenheit wahrnehmen. Nicht nur im Mutterleib, sondern auch, als man uns nährte, uns herumtrug, uns Kleider angezogen und sich darum gesorgt hat, dass wir uns optimal entwickeln können. Unser Verlangen nach Schutz und Geborgenheit gehört zu dem Natürlichsten überhaupt. Ebenso normal ist es, dass uns immer zuerst auffällt, wo unser Schutz und unsere Geborgenheit gefährdet sein könnten. Deshalb neigen wir oft dazu, das Negative zu sehen, noch bevor es überhaupt da ist – und wir neigen dazu, wenn wir Angst haben, verletzt zu werden oder verletzt worden zu sein, unser Gegenüber negativ zu sehen. Glauben wir beispielsweise, in Beziehungen belogen oder betrogen worden zu sein, so sehen wir das Gegenüber immer zuerst als Schuldigen – nicht aber als Unschuldigen. Dies hat zur Folge, dass unsere Denkweise zum Negativen tendiert. Unser Denken äußert sich durch unsere Worte und unsere Worte enden in einem Verhalten. Das Verhalten entscheidet darüber, wie die Energie und somit die Bilanz zwischen uns und unserem Gegenüber ist.

Wenn wir also das Gegenüber von Grund auf als Schuldigen sehen, konditionieren wir unseren Geist auf die negativen Aspekte und Verhaltensweisen auf unserem Planeten. Und dies in einer Welt, in der wir ohnehin schon zu sehr für die negativen, angsteinflößenden Dinge sensibilisiert werden. Es ist unmöglich, fernzusehen oder eine Zeitung aufzuschlagen, ohne mit etwas Negativem, was sich gerade auf unserem Planeten abspielt, konfrontiert zu werden. Wenn wir das Radio bei der Arbeit einschalten oder im Smalltalk mit anderen Menschen erfahren wir, welche furchteinflößenden Dinge auf der Welt geschehen. Bei der Arbeit hören wir von Kollegen, dass wir uns in einer Wirtschaftskrise befinden, die sich auf den Mangel an Nachfrage hin zuspitzt. Kommen wir nach Hause, so hören wir vom Nachbarn, dass wir uns Vorräte für den eigenen Luftschutzbunker zulegen sollten, da unsere Welt ein einziger Kriegsschauplatz sei. Und kaum setzen wir uns zu Hause vor den Fernseher, so hören wir von den Politikern, dass wir nirgends sicher sind. Wir meiden öffentliche Plätze mit erhöhtem Gefahrenpotenzial auf terroristische Attentate und konditionieren uns zunehmend auf ein angstgesteuertes Denken hin.

Es ist ausgesprochen traurig, welche Unmenschlichkeit sich auf unserem Planeten abspielt. Unmenschlichkeit, die uns dazu veranlassen sollte, in der Verbundenheit miteinander ganz Großes und Schönes zu bewirken. Wenn wir jedes Jahr einmal spenden würden – an Menschen, Mütter, Kinder und Tiere in Not –, wenn wir zum Beispiel den Betrag spenden würden, den wir in unsere Süchte investieren, in Kaffee, Bier, Zigaretten oder Alkohol, so könnten wir unsere Welt zu einem besseren Ort machen. Und schon konditionieren wir uns auf das positive Denken, das einzige Denken, das unseren Geist fördert. Das Denken, das uns auf positiver Energie trägt.

Übertragen wir dies auf unsere Beziehungen, so würde die Einstellung, das Gegenüber von Grund auf nicht als Schuldigen, sondern als Unschuldigen zu sehen, unser Unterbewusstsein durch diese positive Konditionierung stärken.

So sollten wir uns auch in der Beziehung aneignen, das Gegenüber als einen Menschen mit positiver Energie zu sehen. Wir sollten die Lebensgeschichte des Gegenübers betrachten und versuchen, zu erkennen, dass das Gegenüber aus Liebe handeln möchte – auch dann, wenn es ihm vielleicht nicht immer ganz leichtfällt. Wir sollten uns aneignen, unseren Partner in einem positiven Licht sehen zu wollen. In einem Licht, das die seelisch schönen Seiten des Beziehungspartners aufzeigt. Auch dann, wenn Enttäuschungen und Verletzungen es uns schwer machen, das Positive im Partner zu sehen. Dasselbe Vorgehen nutzen auch vermehrt Kommissare. Sie betrachten die mutmaßlichen Täter und Verbrecher als Unschuldige und nicht als Schuldige. Das heißt, sie suchen nicht Beweise, um die Schuld der Verdächtigen zu verdeutlichen, sondern Beweise, um ihre Unschuld zu bestätigen. Und erst dann, wenn zu wenige oder gar keine Beweise vorhanden sind, die die Unschuld des Gegenübers beweisen könnten, kann angenommen werden, dass womöglich doch die Unschuldsvermutung vernachlässigt werden kann. Das würde zum Beispiel bedeuten, dass wenn jemand verdächtigt werden würde, etwas gestohlen zu haben, Beweise gesucht würden, die verdeutlichen, dass der Beschuldigte beispielsweise keine Gründe hatte, das verschwundene Objekt zu stehlen. Oder dass der Beschuldigte zum Tatzeitpunkt anderen Tätigkeiten nachging oder ein glaubwürdiges Alibi hat. Der vermeintliche Schuldige wird als vermeintlicher Unschuldiger angesehen. Diese Vorgehensweise mag sich absurd anhören, bringt jedoch viele Vorteile mit sich:

31

1. Die Denkweise des Verhörenden wird geschont.
Das heißt, dass die verhörenden Polizisten - oder Partner - auf diese Weise ihren Geist stets auf die positiven Seiten der Menschen und des Lebens ausrichten. Denn in vielen Fällen hinterlässt die Summe an Verhören leider auch negative Spuren. Wer ständig nur Verbrecher um sich herum sieht, konditioniert den eigenen Geist auf eine sehr pessimistische Weise; die Denkweise wird automatisch vorverurteilend. So auch dann, wenn wir in unseren Partnern ständig Lügner und Fremdgeher sehen. Das Denken fokussiert sich auf das Negative. Unsere Synapsen verknüpfen sich mit ausschließlich negativen Inhalten wie dem Lügen, Hintergangenwerden, Betrogen- oder Vernachlässigtwerden. Diese Denkweise erzeugt Stress und alle vom Stress betroffenen Systeme und Organe leiden mit. Anders jedoch verhält es sich, wenn man den Partner von Grund auf positiv sieht. Die Denkweise bleibt optimistisch und so bleiben auch wir als Partner positiv denkend. Wir fühlen uns ganzheitlich frei und zufrieden. Und alles dankt uns dafür: unser Gehirn, welches positive Gedanken miteinander verbinden kann, unser Nervensystem und alle an unser Nervensystem gebundenen Systeme und Organe.

2. Die Gefahr, getäuscht zu werden, ist geringer.

Die meisten denken vielleicht, dass wenn man den Partner im Falle von Zweifeln als Unschuldigen sieht, die Gefahr, getäuscht zu werden, größer ist, als wenn man den Partner als Schuldigen betrachtet. Dem ist jedoch nicht so. Wer den Partner primär als Unschuldigen sieht, geht auf eine ganz andere Weise an die Sache heran. Der Partner, der möglicherweise schuldig sein könnte, zieht nicht in Erwägung, dass man ihn als Unschuldigen betrachtet. Das heißt, dass euer Partner davon ausgeht, euch mit Gegenargumenten überzeugen zu müssen. Umso verblüffter ist er dann, wenn er feststellen muss, dass Gegenargumente für euch gar keine Bedeutung haben, sondern dass ihr auf der Suche nach Harmonie seid und bloß Beweise sucht, um seine Unschuld zu verdeutlichen, nicht seine Schuld. Wenn wir also Beweise suchen, die ihre Unschuld verdeutlichen sollen, sind die vermeintlich Unschuldigen gefordert, positive Perspektiven zu vermitteln: ihre positiven Gedanken, ihre Ambitionen im Leben und ihre Lebensziele. Wenn wir auf den Partner zugehen mit der Haltung „Du bist unschuldig", dann muss er seine Unschuld nicht beweisen, indem er alle möglichen Taten negieren muss, sondern er ist gefordert, positive Aussagen zu formulieren, die mit seiner Unschuld einhergehen. Zum Beispiel Aussagen wie: „Du weißt ja, dass es mein Lebensziel ist, mit dir und unseren Kindern in einem wunderschönen Haus am See zu leben." Weil er nicht damit rechnet, dass er aufgefordert wird, lauter erfreuliche Seiten mitzuteilen, ist er demnach auch nicht darauf vorbereitet, Derartiges von sich zu berichten. Und wenn er wirklich gar nichts oder nur wenig Positives von sich zu berichten hat, wird er auch keine Liste an positiven Punkten auswendig gelernt haben. Er wird unvorbereitet sein und nur im Falle eines Schuldbewusstseins auch keine derart positiven Argumente bereithaben. Und wenn er dann förmlich auf Knopfdruck seine optimistischen Einstellungen nennen soll, die seine Unschuld beweisen würde, ist er schlagartig völlig überfordert und hat keine Antwort parat. Es dauert dann einige Sekunden, bis eine einigermaßen glaubwürdige Antwort aus dem Mund der Verdächtigten kommt. In diesem Falle ist der Zweifel berechtigter: Insbesondere Unschuldige haben kein Problem damit, unabhängige, erfreuliche Gedanken jederzeit zu teilen, weil sie eben aufgrund ihrer Unschuld nicht auf das Verneinen von negativen Aussagen fokussiert sind, sondern primär auf positive Aussagen und Vorstellungen.

Ein Beispiel: Dein Freund erzählt, er sei in der Stammkneipe gewesen und habe mit seinen Freunden ein Bier getrunken, dann sollten wir uns aneignen, den Partner auch als Unschuldigen zu betrachten. Deshalb stellen wir ihm keine Fragen, die ihn als Schuldigen dastehen lassen würden, das heißt keine Fragen wie: „Warst du wirklich dort oder warst du woanders?" Oder: „Hast du dich wirklich mit deinen Freunden getroffen oder mit jemand anders?" Das sind typische Fragen nach einem Alibi, die den Partner schuldig aussehen lassen. Stattdessen sollten wir ihm Fragen stellen, die ihn als unschuldig antizipieren – mit Fragen, die er nicht erwartet und auf die er infolgedessen auch keine Antworten vorbereitet hat. Gemeint sind Fragen wie: „Wie viele Bier hattest du? Hättest du überhaupt noch Auto fahren dürfen?" Oder: „Waren deine Freunde genügend gut drauf, sodass du auch von der Arbeit abschalten und genießen konntest?"

Wenn die Fragen eine Antwort mit der Wiedergabe eines konkreten Details erfordern, so ist der Partner gezwungen, seine Erinnerungsfähigkeit zu nutzen, um einen einfachen Inhalt abzurufen. Im Grunde eine sehr einfache Aufgabe. Die Aufgabe bleibt einfach, solange der Partner auch wirklich erzählt, was wahr ist.

3. Die Beziehung wird gestützt.

Wer den Partner als Unschuldigen sieht, fördert die Beziehung – denn diese Denkweise trägt sie. Nicht nur wegen der positiven Energie, die wir verbreiten, sondern weil wir auf diese Weise viel weniger Auseinandersetzungen haben. Sobald wir den Partner als Schuldigen betrachten, gehen wir davon aus, dass er uns gegenüber nicht in wohltuender Weise handelt oder gehandelt haben könnte: Wir misstrauen ihm. Dieses Misstrauen ist ein Beziehungskiller. Misstrauen ist eine der größten Gefahren in zwischenmenschlichen Verbindungen. Wo auch immer es uns möglich ist, sollten wir dem Partner verdeutlichen, dass eine Vertrauensbasis vorhanden ist. Wenn wir hinter jeder auffälligen und ungewohnten Aussage oder Handlung eine Lüge oder einen Betrug vermuten, kommunizieren wir auf diese Weise unserem Partner, dass wir ihm nicht trauen. Und dieses fühlbare Misstrauen hinterlässt Spuren: Der Partner macht sich Gedanken darüber, aus welchen Gründen ihm wohl misstraut wird, und versetzt sich zugleich in die Rolle desjenigen Menschen, dem man nicht vertrauen kann. Ihm bleibt praktisch keine andere Möglichkeit, als dass er sich in die Rolle des bösen Menschen begibt. Das hat zur Folge, dass er über kurz oder lang tatsächlich glaubt, dass man ihm nicht trauen kann, und wirklich auf einmal ein Verhalten an den Tag legt, das das Misstrauen verdeutlicht. Letztlich lässt man ihm keine andere Wahl: Nur dann, wenn er zu der ihm aufgebürdeten Rolle des bösen Partners steht, kann er die Rolle auch wieder verlassen. Wie sonst soll er einer Rolle entkommen, die er noch gar nicht eingenommen hat? Außer wir hören ganz einfach auf, unserem Partner ständig zu suggerieren, dass man ihm nicht vertrauen kann. Die Beziehung wird es dir danken.

Das Faszinierende an dieser Vorgehensweise, den Partner von Grund auf als Unschuldigen zu sehen, ist, dass das Vertrauen zu unserem Partner gestärkt wird und dass es uns selbst auch guttut. Und in dem Fall, dass unser Partner uns dennoch belügt, sind wir ihm zugleich einen Schritt voraus und erkennen sein Lügen schneller: Kein Partner erwartet, dass man ihn als Unschuldigen betrachtet – er hat demnach zu wenige konkrete Antworten auf einfache Fragen parat.

Zugleich stärkt diese Vorgehensweise unseren Optimismus und schont unseren Geist. Denn niemand hat es verdient, dass schlechte Erfahrungen seinen Geist schädigen. Wir alle haben einen wunderbaren Geist – den wir in Ehren halten und mit positiven Gedanken nähren sollten.

Die Lüge

Wir alle kennen das unangenehme Gefühl, belogen zu werden. Das Gefühl, dass die Verbindung zu unserem Partner wohl nicht tief genug ist, als dass er die Wahrheit mit uns teilen möchte. Es existiert eine Lücke im Vertrauen, die das Gegenüber daran hindert, uns alles zu sagen; eine Lücke, die bei unserem Partner womöglich Angst auslöst, nicht so geliebt zu werden, wie er ist, wenn er die Wahrheit sagt.

Lügen sind Vertrauenslücken. Wenn wir uns die Etymologie des Wortes „lügen" einmal ansehen, erfahren wir, dass es vom Althochdeutschen „liogan", „leugnen", „verneinen", abgeleitet wird. Es gibt Vermutungen, die besagen, dass die althochdeutsche Bezeichnung für „leugnen" verwandt ist mit dem „Loch" und der „Lücke". Folglich ist auch die Information des Worts selbst von den Lücken und Löchern in der Vertrauensbasis geprägt. Wenn wir uns also gegenseitig als Lügner bezeichnen, so weisen wir auf ein Loch oder eine Lücke hin, die vom Gegenüber erschaffen wird und die natürlich die Basis des Vertrauens gefährdet. Stellen wir uns die Vertrauensbasis als einen zugefrorenen See vor, mit einer zwar massiven Eisschicht, auf der man gehen kann, die aber aus Erfahrung dennoch jederzeit brechen kann, so stellt die Lüge ein Loch in dieser Eisschicht dar. Das Loch ist das Risiko in der Vertrauensbasis: Das Risiko, komplett einzubrechen, verletzt zu werden oder in negativen Gefühlen zu ertrinken.

Lügen stellen für unser Bewusstsein wie für unser Unterbewusstsein eine klare Bedrohung dar – auch wenn wir hier und da mal ein Lügen aus Selbstschutz nachvollziehen können, weil es nicht das Ziel verfolgt, das Gegenüber zu verletzen. Wenn wir ehrlich zu uns sind, dann müssen wir alle zugeben, bereits mehrfach gelogen haben, um uns selbst oder jemand anderen zu schützen. Die Natur hat uns mit der Fähigkeit zu lügen ausgestattet, damit wir in brenzligen Situationen unser Überleben sichern können. Tiere zum Beispiel stellen sich, ausgelöst vom eigenen Instinkt, tot, um dem bedrohlichen Feind durch die Täuschung einen Schritt voraus sein zu können. Oder sie initiieren täuschende Manöver, um einem anderen Tier die Beute zu entwenden. Lügen sind also Hilfsmittel in Situationen, die von Bedrohungen bestimmt sind. Die Bedrohung, dem Gegenüber nicht vertrauen zu können, gehört hierzu. Denn die Basis für das Vertrauen stellt der Glaube an das Gegenüber dar. Wer dem Gegenüber nicht glaubt, verfügt auch nicht über die Fähigkeit, dem Gegenüber zu vertrauen.

Das Wort „Vertrauen" kommt vom althochdeutschen Wort „fertruen" und stammt vom gotischen Wort „trauan" für „trauen" ab, welches der Wortgruppe des Wortes „treu" für „fest" oder „stark" oder „dick" angehört. Ähnlich der vereisten Seeoberfläche, die fest, stark und dick genug sein sollte, damit man sich auf ihr verhalten kann, wie man will: springen, tanzen oder vielleicht sogar Schlittschuh laufen.

Die Lüge ist also der Feind des Vertrauens, sein Gegenteil.

Das Vertrauen ist die feste, starke Größe, die Lüge hingegen ist das Loch und die Lücke.

Aus der Ehrlichkeit - der Abwesenheit von Lügen - resultiert der Glaube an einen anderen Menschen. Die Tatsache, dass ich weiß, dass ich ihm glauben kann, lässt Vertrauen entstehen. Das Vertrauen ist die Beständigkeit der gemeinsamen Verbundenheit, die feste Größe in jeder Beziehung. Wenn wir in der gemeinsamen Verbundenheit zueinander etwas Großes bewirken und über längere Zeit denselben Weg gehen wollen, so ist das Vertrauen zueinander die absolute Grundlage hierfür. Die Möglichkeit, einfach man selbst zu sein und zu wissen, dass man dafür geliebt wird. Dass man geliebt wird, so wie man ist - und nicht so, wie der Partner einen gerne hätte.

Wenn wir feststellen - bewusst oder unbewusst -, dass das Gegenüber gewisse Bedingungen an uns stellt, nach deren Erfüllung wir erst geliebt werden, wissen wir, dass wir in einer Beziehung leben, in der wir nur bedingt geliebt werden. Wir werden nur dann geliebt, wenn wir die Auflagen des Gegenübers erfüllen. Wobei sich die Frage stellt, was man als eine Bedingung bezeichnet.

Wir alle sind uns einig, dass es eine Bedingung wäre, wenn wir unserem Beziehungspartner mitteilen würden, ihn nur dann zu lieben, wenn er vermehrt mit uns ins Kino geht. Oder wenn er häufiger zu Hause den Kochlöffel in die Hand nimmt und für uns beide kocht.

Doch ist es wirklich eine Bedingung - und folglich als eine bedingte Liebe zu bezeichnen -, wenn wir von unserem Partner erwarten, unsere Normen und Werte zu achten und zu respektieren?

Als Therapeut und Lehrtrainer werde ich immer wieder von diversen Menschen darüber aufgeklärt, dass bedingungslose Liebe das Ziel sei – das Gegenüber zu lieben und an dessen Seite zu bleiben, komme, was wolle. Eine an und für sich schöne Vorstellung, die auch ich stets in meinen Beziehungen verfolgt habe und die mich Dinge sagen ließ wie: „Wir bleiben zusammen! Egal, was kommt! Egal, was passiert!" Worte, die in der Verliebtheit schnell mal ausgesprochen werden. Doch ist es tatsächlich unsere Aufgabe, uns selbst so sehr zu vergessen und auch dann lieben zu wollen, wenn man uns verletzt? Ist es wirklich unsere Lebensaufgabe, zu lernen, dass man trotzdem den Menschen anhimmelt, der einen verletzt, ohne sich seine eigenen Verletzungen anschauen zu wollen?

Ich persönlich finde diese Vorstellung bedenklich, uns immer und immer wieder verletzen zu lassen – körperlich durch all den Stress und geistig durch all die Traumata, die daraus resultieren. Als wäre dies nicht schon schlimm genug, sollen wir auch noch den Willen aufbringen, die Liebe zu diesem Menschen über alles und somit auch über uns selbst zu stellen.

Bedingungslos zu lieben bedeutet nicht nur, das Gegenüber so anzunehmen, wie es ist – es bedeutet, zum selben Zeitpunkt auch sich selbst so anzunehmen, wie man ist. Die eigenen Werte, die man vertritt, zu achten und zu respektieren und die Idee zu verfolgen, dasselbe auch beim Beziehungspartner fühlen zu wollen. Bedingungslos zu lieben bedeutet, sich selbst ebenso wie den Partner zu achten und zu verehren. Sich selbst zu lieben.

Ich wünsche dir, dass man dich ebenfalls liebt, so wie du bist, und die Beziehung eine wunderbare Wechselwirkung darstellt –

dass sich euer gegenseitiges Lieben die Waage hält. Eure Liebesbeziehung kann dadurch ausgeglichen, respektvoll und tief heilsam und berührend bleiben.

Die Fragetechniken

Wenn unser Bauchgefühl uns darauf hinweist, dass irgendetwas nicht stimmt, dann sollten wir der Sache nachgehen – mithilfe der Ratio. Denn meist sind wir in diesen Situationen so sehr mit unserem Gefühl beschäftigt, dass wir unbedingt unseren Verstand nutzen sollten. Was der Bauch fühlt, darf der Kopf überprüfen. Und umgekehrt: Was der Kopf zu wissen glaubt, kann der Bauch mittels Gefühl prüfen.

Wenn wir davon ausgehen, dass uns im Regelfall unser Bauchgefühl mitteilt, wenn etwas, was den Beziehungspartner betrifft, eigenartig ist, dann hilft uns die richtige Fragetechnik dabei, einen kühlen Kopf zu bewahren und nicht bauchbezogen zu „denken". Mit der gezielten Fragetechnik und der Aktivierung unseres Verstandes verhindern wir, dass man uns verarscht. Denn im Grunde können wir davon ausgehen, dass die gefühlsbezogene Wahrnehmung immer dominiert. Wenn wir davon ausgehen, dass wir drei elementare Wahrnehmungsorgane haben – abgesehen von unseren fünf Sinnen –, so sprechen wir vom Kopf, vom Bauch und vom Herzen. Der Kopf hat die Aufgabe, zu denken und zu wissen. Der Bauch hat die Aufgabe, zu ahnen und zu spüren. Und das Herz hat die Aufgabe, zu fühlen. Mit dem Bauch und dem Herzen spüren und fühlen wir. Der Kopf muss sich mit seiner rationalen Denkweise also gleich gegen zwei Organe durchsetzen. Deshalb ist es zumindest bei der richtigen Fragetechnik von Bedeutung, einen Moment lang Herz und Bauch außen vor zu lassen.

Wichtig ist auch, dass die Fragetechnik bei unserem Gegenüber offiziell keine zu starke Emotion auslöst – denn die Emotionen des Gegenübers kaschieren den Inhalt der Aussagen. Deshalb solltest du als Fragender stets sehr ruhig und verständnisvoll bleiben, um dem Gegenüber dadurch zu kommunizieren, dass alles okay ist. Solange wir als Fragende ruhig und gelassen bleiben, bleibt es auch unser Gegenüber.

Rückwärts und detailliert

Menschen, die dich belügen, haben zwar eine Vorstellung davon, was sie dir als wahr verkaufen wollen, doch machen sie meist den großen Fehler, dass sie durch ihren selbstsicheren Versuch, ihrer Lüge Glaubwürdigkeit zu vermitteln, einige wichtige Dinge vergessen. So zum Beispiel den Aspekt der sogenannten vierten Dimension: die Zeit. Lügner haben, weil sie das Erlogene nicht wirklich erlebt haben, meist große Mühe, ihre Geschichte rückwärts zu erzählen. Also wenn du dein Gegenüber fragst: „Und was war davor? Was hast du davor gemacht?", dann kannst du womöglich feststellen, dass es für dein Gegenüber schwierig ist, die Geschichte in diese andere Richtung zu erzählen. Es sind ja keine echten Erinnerungen, sondern lediglich ein Gedankenkonstrukt.

Die erlogene Geschichte ist ferner meist nicht präzise ausgearbeitet. Das bedeutet, dass Lügner oft keine Details wiedergeben können, weil sie sich schlichtweg keine Gedanken über Details gemacht haben. Wenn du also dein Gegenüber dazu veranlasst, seine Geschichte hier und da etwas rückwärts zu erzählen, und du dann noch Details erfragst, so wirst du vielleicht für dich die Gewissheit erhalten, ob die Geschichte wirklich wahr oder eben leider erfunden ist.

„Du sagtest ja, dass …"

Wer viel lügt, der muss nicht nur besonders kreativ, sondern auch ein guter Manager sein. All die Lügen so handzuhaben, dass immer die richtige Person die richtige „Wahrheit" erfährt, kann man schon als Kunst betrachten. Auf den ersten Blick scheint dies auch zu funktionieren, aber über kurz oder lang kann das Konstrukt wie ein Kartenhaus zusammenbrechen. Der Grund hierfür ist schlicht und einfach, dass das Lügenmanagement auf Dauer nicht tragen kann. Meistens sind sich Lügner dessen auch bewusst: Es erfordert enorme Mühe und Energie, um sich nicht zu verraten und stets bei den richtigen Menschen auch die dazugehörige Lüge abzurufen und rüberzubringen. Diesen Schwachpunkt können wir uns im Rahmen dieser Fragetechnik zunutze machen: Wir gehen davon aus, dass unser Gegenüber sich dessen bewusst ist, dass er unterschiedlichen Menschen unterschiedliche Wahrheiten erzählt hat. Folglich verwirren wir ihn, indem wir ihn plötzlich mit einer Selbstverständlichkeit im Gespräch wissen lassen, dass er uns etwas anderes erzählt hat, als er im Bewusstsein hat. Als ein Beispiel: Unser Gegenüber hat uns gesagt, er sei nach der Arbeit in seiner Stammkneipe gewesen. Diese Aussage glauben wir ihm jedoch nicht; wir glauben, dass er bei einer anderen Frau gewesen ist. Und wir gehen davon aus, dass er, als er noch bei der Arbeit war, seinem Arbeitskollegen etwas anderes erzählt hat. Diesem hat er vielleicht gesagt, er gehe zu einer guten Freundin. Und vielleicht hat er auf dem Hinweg zu seinem Date auch noch mit jemandem telefoniert und dieser Person wiederum eine ganz andere Geschichte erzählt. Deshalb nutzen wir die Gelegenheit und tun so, als hätte uns unser Gegenüber eine leicht abweichende Geschichte erzählt. Das heißt, wir orientieren uns im Grunde an der Wahrheit des Gegenübers, fügen aber eine kleine Änderung hinzu. Wenn uns also, bei unserem Beispiel bleibend, unser Partner gesagt hat, er wäre nach der Arbeit in seiner Stammkneipe gewesen, so sagen wir mit einer Selbstverständlichkeit: „Du sagtest ja, du wärst nicht gleich direkt nach der Arbeit in die Kneipe gegangen ...“ Dies funktioniert jedoch nur, wenn unser Partner bereits die Gelegenheit hatte, uns eine gewisse „Wahrheit“ zu verklickern und seither etwas Zeit verstrichen ist, sodass er sich womöglich nicht mehr im Detail an seine eigene Geschichte erinnern kann. Auch geht diese Fragetechnik nur dann auf, wenn das Gegenüber sich dessen bewusst ist, dass er sich im Grunde jederzeit verraten kann. Das heißt: Bei Lügen, die er beispielsweise niemandem sonst erzählt hat und folglich weiß, dass es garantiert keine Lecks geben kann, wird die Sache schwieriger werden.

Folgt auf deine Anmerkung nun ein Zögern und ist eine deutliche Unsicherheit beim Gegenüber zu erkennen, so lohnt es sich, an der Sache dranzubleiben. Folgt jedoch eine Antwort im Sinne von: „Was? Aber sicher doch! Ich fuhr direkt nach der Arbeit zur Kneipe! Das kann nicht sein, dass ich sowas gesagt habe, weil es nicht so gewesen ist", dann können wir davon ausgehen, dass unser Gegenüber entweder doch die Wahrheit sagt oder er sich eben dessen bewusst ist, dass er sich nicht verraten kann. In diesem Fall müssten wir unserem Gegenüber eingestehen, dass wir uns geirrt haben – um uns selbst wieder aus diesem Testfeld zu schleichen.

Wichtig bei dieser Technik ist, dass wir unsere Testaussage „Du sagtest ja, dass …" mit ganz ruhiger Stimme und in einer Selbstverständlichkeit vornehmen, um damit dem Gegenüber zu verdeutlichen, dass der Inhalt von uns bereits akzeptiert wurde. Diese Ruhe lädt ein, nicht zu widersprechen. Und falls unsere Vermutung wirklich der Wahrheit entspricht und unser Gegenüber hier nicht widerspricht, so können wir davon ausgehen, dass es mit unserer Vermutung etwas auf sich hat.

Im akzeptablen Bereich

Diese Fragetechnik arbeitet anteilig mit einem Vorwurf. Genauer gesagt wirfst du deinem Gegenüber etwas Schlimmeres vor als das, was du glaubst, was er getan hat. Gleichzeitig signalisierst du ihm, dass du das, was du glaubst, was er getan hat, als harmlos einstufst. Das Vorwerfen darf für dein Gegenüber nicht spürbar sein – er sollte das Gespräch mit dir als angenehm und positiv wahrnehmen.

Wichtig dabei ist, dass du während des gesamten Gesprächs stets verständnisvoll und konstruktiv bleibst. Zeig deinem Gegenüber, dass du das Ziel hast, durch das klärende Gespräch eine schöne, bereinigte Basis zwischen euch zu schaffen – auch dann, wenn du dies nur sagst, um dein Gegenüber zu ködern, dir die Wahrheit zu sagen.

Ein Beispiel: Du vermutest, dass dein Partner heimlich mit einer anderen Frau SMS oder E-Mails austauscht. Konkret würdest du das Gespräch wie folgt beginnen: „Es ist so: Ich möchte mit dir gemeinsam über etwas Bestimmtes reden. Denn ich glaube, dass wenn wir dies klären und bereinigen, unsere Beziehung richtig aufblühen kann. Es geht darum, dass ich im Grunde ein sehr toleranter Mensch bin, denn ich glaube, dass alle Menschen Fehler machen und dass es keine fehlerfreien Menschen gibt. Ich gehe davon aus, dass eben sogar Fehler in der Beziehung das gemeinsame Verständnis stärken und dass man sich durch Fehler noch besser kennenlernt. Und deshalb könnte ich dir auch so einiges verzeihen – in dem Glauben, dass der Fehler, den ich verzeihe, vieles auch erblühen läßt. Ich würde dir verzeihen, wenn du mit anderen Frauen flirtest oder mit anderen Frauen Nachrichten austauschen würdest. Und es würde mir zwar schwerfallen, ein Fremdgehen zu verzeihen, aber ich würde mein Bestes versuchen. Und genau deshalb rede ich jetzt mit dir – weil ich glaube, dass du ein sexuelles Verhältnis mit einer anderen Frau hast."

Dies zwingt dein Gegenüber zu einer Antwort, zu einer Reaktion. Und wenn dein Gegenüber dir glaubt, dass seine Tat – das Chatten mit anderen Frauen – auch noch in deinem Toleranzbereich liegt, hat er womöglich den Mut, dazu zu stehen, weil er ja gerade erfahren hat, dass selbst eine deutlich schlimmere Tat - eine sexuelle Affäre - noch von dir toleriert werden könnte.

Diese Fragetechnik beruht also auf dem Grundkonzept, dass dem Partner etwas deutlich Schlimmeres vorgeworfen wird, als man glaubt, dass er in Wirklichkeit getan hat. Dabei bindet man die Tat, von der man insgeheim glaubt, dass er sie getan hat, zwar auch ins Gespräch ein, positioniert sie jedoch als sehr harmlos. Dieser Tat schenkt man absichtlich keine Beachtung im Gespräch, weil man dem Gegenüber ja etwas viel Schlimmeres vorwirft. Dessen Unterbewusstsein versteht, dass seine Tat in einem noch akzeptablen Bereich liegt und ihm infolgedessen noch eine Art Puffer zusteht. Er gerät in Versuchung, seine Tat zu gestehen und sich so auch endlich von dieser schweren Last - dem Geheimnis, das er mit sich trägt - zu lösen. Außerdem ist das Gespräch ja so aufgebaut, dass selbst ein Gestehen der ganz schlimmen Tat keine Gefahr darstellen würde, da ihm so viel Toleranz entgegengebracht wird. Zudem scheint dies für dein Gegenüber eine optimale Gelegenheit zu sein, die Beziehung bereinigter und noch tiefer verbunden fortsetzen zu können.

Der Bluff

Wie die Bezeichnung dieser Fragetechnik bereits verrät, basiert diese Technik auf einem Bluff. Das heißt, wir als Fragende geben vor, mehr zu wissen, als es tatsächlich der Fall ist. Die Technik ist im Grunde sehr einfach: Wir konfrontieren unseren Partner damit, dass wir etwas wissen, was er uns vorzuenthalten versucht: zum Beispiel einen Fehler. Und weil wir vorgeben, diesen Fehler sowieso bereits zu kennen, fragen wir ihn auch nicht, ob dies nun wirklich wahr ist. Stattdessen fragen wir ihn nach einem konkreten Detail, das für uns angeblich entscheidend ist. Wichtig dabei ist - weil es eben ein Bluff ist -, dass wir nicht genau sagen, was wir angeblich über seinen Fehler wissen. Als ein Beispiel: Wir ahnen, dass der Partner sich mit einer anderen Person getroffen hat oder fremdgegangen ist. So konfrontieren wir ihn wie folgt: „Mir ist wichtig, dass du weißt, dass jeder Fehler in unserer Beziehung diese auch stärker machen kann. Ich kann viel verzeihen und bin sicher, dass wir aus allen Fehlern irgendetwas lernen können. Und deshalb möchte ich, dass du weißt, dass ich über deinen Fehler Bescheid weiß. Es tat zuerst kurz weh, aber dann habe ich mich gefasst und schaue nun nach vorn. Ich bin mir sicher, dass wir das packen werden. Doch sag mir bitte: War es das erste Mal so in dieser Form oder kam das schon öfters vor? Und bitte belüg mich jetzt nicht - es hat keinen Sinn mehr, es würde alles nur noch schlimmer machen. Sag mir einfach, ob das das erste Mal war oder nicht."

Wenn dein Gegenüber nun einen gewissen Fehler schon öfters begangen hat, so besteht die Möglichkeit, dass er nun die ganze Wahrheit sagt. Es kann auch sein, dass er seine Tat verharmlost und lügt, dass es sei nur einmal vorgekommen sei. Es ist auch möglich, dass er dir nicht seinen schlimmsten Fehler nennt, sondern nur seinen zweitschlimmsten. Wichtig jedoch ist: Es folgt eine Aussage – eine Aussage, die ein Geständnis beinhaltet. Und es ist besser, wir erhalten ein kleines Geständnis als gar keins. Denn auch dies gibt uns Aufschluss über das Gegenüber – darüber, wie unser Gegenüber tickt.

Wichtig ist, dass du während du bluffst sehr ruhig und verständnisvoll bleibst, sodass dein Gegenüber den Mut hat, zu seinem Fehler zu stehen.

Der Masochist

Diese sehr eigenartige Fragetechnik beruht auf einem Widerspruch – und zwar ist das Paradoxe an der Technik, dass man vorgibt, das Schlechte sei eigentlich sehr gut. Das Gegenüber traut sich plötzlich, das eigentlich Schlechte zu gestehen.

Wer diese Fragetechnik anwendet, muss ein hohes Maß an Kreativität aufweisen, weil hierfür ein mögliches Fehlverhalten des Gegenübers als sehr positiv und sogar als wünschenswert dargestellt wird. Ein Beispiel: Stell dir vor, dein Beziehungspartner belügt dich. Die Herangehensweise könnte eine Formulierung in folgendem Stil sein: „Mir ist wichtig, dass ich spüre, dass du mich liebst. Und wer wirklich liebt, der hat auch Angst, das Gegenüber zu verlieren. Und aus dieser Angst heraus lügt man mal hier, mal da, um den Menschen, den man liebt, nicht abzuschrecken. Aber in den letzten Monaten tust du so ehrlich, und das macht mir Angst. Denn wenn du mich wirklich liebst, dann hast du mich auch schon belogen. Sag mir doch bitte, wann du mich angelogen hast – es gibt mir die Gewissheit, dass ich dir sehr wichtig bin. So wichtig, dass du Angst bekommen hast, mich dadurch zu verlieren, und du mich deshalb angelogen hast. Bitte beweise mir, dass du mich liebst, und sag mir, was du mir verheimlichst." Diese Technik beruht auf dem Vorgehen, dass man sich selbst womöglich etwas vormacht, indem man in dem Fehler, den man beim Gegenüber vermutet, etwas Positives sucht, um so das Gegenüber dazu zu veranlassen, ambitioniert zu sein, es zu sagen. Zugleich hat diese Technik aber auch einen wundervollen Mehrwert: Sie lehrt uns, immer und überall das Positive zu sehen. Und es würde mich nicht wundern, wenn plötzlich im Gespräch beim Fragenden selbst eine innere Ruhe und Gelassenheit einkehrte, während er dem Gegenüber auf-zuzeigen versucht, weshalb der vermeintliche Fehler sogar sehr positiv sei.

Die vier Lügnertypen

Uns vor Verletzungen und Enttäuschungen zu schützen, ist ein Zeichen an uns selbst, dass wir uns wichtig sind. Es ist ein Zeichen der Selbstliebe. Und aus Liebe zu uns selbst ist es wichtig, immer wieder die wunderbare Erfahrung zu machen, sich einfach so geschehen lassen zu dürfen; sich fallen lassen zu können, in die Arme des Beziehungspartners. Einfach vertrauen zu dürfen, ohne ständig hinterfragen zu müssen, ob das Gesagte wohl der Wahrheit entspricht oder nicht. Es gibt kaum etwas Gefährlicheres für eine Beziehung als ein stetes Misstrauen. Misstrauen wirkt wie Gift für die Beziehung; und doch kann es dich vor Verletzungen schützen und dich somit schonen.

Stellen wir uns das Misstrauen als einen riesigen Schutzanzug vor, den wir tragen. Solange wir diesen Anzug tragen, können wir uns vom Partner nicht mehr so wie emotional berühren lassen. Gestreichelt zu werden fühlt sich taub an; kuscheln fühlt sich fremd an. Und Liebkosungen sind so, wie wir uns danach sehnen, nicht möglich. Zugleich kann uns ein Schutzanzug im richtigen Augenblick vor Verletzungen bewahren, die uns ein Leben lang begleiten könnten; die uns hindern würden, jemals wieder so rasch und so tief zu vertrauen, wie wir es einst konnten.

Wobei es weniger die physischen oder materiellen Verletzungen sind, die wirklich lange Zeit wehtun, als vielmehr die psychischen, die Verletzungen unserer Gefühle. Worte, die man nachts vor dem Einschlafen immer und immer wieder hört; die schmerzhaften Gedanken, die uns in einer Endlosschleife beschäftigen; oder das Gefühl, nicht genügen zu können, das man uns spüren ließ.

Es sind die seelischen Verletzungen, die Misstrauen schaffen. Das Misstrauen wollten wir eigentlich nie in unserem Leben haben und schon gar nicht, dass es sich mit jeder erneuten Verletzung wie ein Programm in uns manifestiert. Das Programm beginnt mit der Zeit, ganz von selbst zu laufen.

Um zu verhindern, dass wir durch Lügner verletzt werden, brauchen wir eine Technik, mit der wir sie als solche entlarven – noch bevor sie nachhaltigen Schaden anrichten. Deshalb stelle ich dir im Folgenden vier Lügnertypen vor: das Rhinozeros, das Reh, das Chamäleon und die Schlange.

Das Rhinozeros

Dieser Lügnertypus verfährt in puncto Lügen nach der Maß-
gabe „mit dem Kopf durch die Wand". Menschen, die dem Typus des Rhinozeros zuzuordnen sind, glauben, dass sie dann am
glaubwürdigsten wirken, wenn sie alle Skeptiker und Kritiker
ganz einfach überrennen. In der Art, wie es ein Nashorn auch
tut: mit der Waffe voran – dem Horn auf der Nase – einfach alle
potenziellen Gefahrenquellen rammen und ausschalten. Während dieses Akts ist sich das Rhinozeros seiner Kraft bewusst
und zweifelt nicht eine Sekunde an der Richtigkeit seines Han-
delns.

Rhinozeros-Lügner versuchen, mit überdeutlicher Überzeu-
gung und Selbstsicherheit die Lüge als Wahrheit zu verkaufen.
Sie glauben, dass ihre Lügen an Glaubwürdigkeit gewinnen,

wenn sie diese mit ausgesprochen viel Selbstvertrauen rüber-
bringen. Die Selbstsicherheit ist eine Maske, die ihre Schwächen
künstlich überdeckt.

Rhinozerosse erkennt man daran, dass sie eine Unwahrheit
meist unbewusst lauter und deutlicher aussprechen. Oftmals
überfrachten sie ihr Erzählen mit konkreten Details, die den
Wahrheitsgehalt ihrer Geschichten verstärken sollen. So würde
ein Rhinozeros, um bei dem alten Beispiel zu bleiben, bei der
Lüge, mit dem Arbeitskollegen ein Bier getrunken zu haben, wie
folgt vorgehen: Es würde sich wortreich und mit lauter Stimme
über den hohen Preis des Biers in dem besagten Restaurant be-
klagen. Rhinozeros-Lügner glauben, durch die Erinnerung an
unwichtige Details die eigene Lüge glaubhaft wirken zu lassen.
Nur merken sie nicht, dass jene Details für den Fragenden nicht
im Geringsten von Bedeutung sind und sie sich eben durch ihre
Nennung verraten.

Auffallend an Rhinozerossen ist außerdem, dass sie den
Blickkontakt stark nutzen. Sie schauen ihrem Gegenüber intensiv und deutlich in die Augen und glauben, dadurch klar kommunizieren zu können: „Sieh mal - ich kann dir dabei sogar
problemlos und anhaltend in die Augen schauen." Sie meinen,
ein abschweifender Blick könne ihre Lüge auffliegen lassen. Dabei merken sie nicht, dass eben dieser Augenkontakt unnötig
intensiv ist.

Nonverbal verraten sich Rhinozerosse durch ihre gesamte
Körperhaltung und die übermäßige Körpersprache, zum Beispiel mit den Händen, die sogar theatralisch sein kann. Auch
die Mimik ist besonders ausgeprägt und meist viel zu aufgesetzt.
Wenn man ihnen etwas vorwirft, runzeln sie die Stirn und drü-

cken mit der gesamten Mimik das höchstmögliche Entsetzen aus, schütteln dabei den Kopf und überspielen ihre Lügen mit einem hohen Emotionsgehalt. Sie denken, je mehr Emotionen sie transportierten, desto glaubwürdiger wirkten sie.

Auffallend ist auch, dass sich diejenigen Hirnareale bemerkbar machen, die uns Menschen stets das Überleben gesichert haben. Sie werden immer dann gebraucht, wenn die archaischen Programme in uns aktiviert werden: Angriff, Flucht, Resignation. Wenn diese Teile unseres Gehirns aktiv sind, werden unsere Extremitäten stärker durchblutet. Das Blut muss dann in der Muskulatur unserer Beine sein, damit wir möglichst schnell laufen können; und es muss auch in unseren Armen und Händen sein, damit wir stark im Zweikampf sind.

So fällt auch bei Rhinozeros-Lügnern auf, dass sie beispielsweise viel Energie über die eigenen Hände, Arme, Beine und Füße ableiten lassen. Die Hände kommunizieren überdeutlich und die Beine und Füße machen unnötige Bewegungen – ein Wippen mit den Beinen, ein ständiges Verlagern der Position.

Gefährlich bei Rhinozeros-Lügnern ist, dass sie die Lüge mit einem derart hohen Druck suggerieren, dass sie sie irgendwann selbst glauben. Und sobald sie die eigene Lüge fest glauben, wird die Wahrheit so sehr verdrängt, dass sie kaum mehr abzurufen ist. Im schlimmsten Fall selbst dann nicht mehr, wenn der Rhinozeros-Lügner versucht, sich selbst daran zu erinnern: Unser Gehirn löscht Inhalte irgendwann, sobald sie als überflüssig eingeordnet werden, oder es trennt Verbindungen zum Bewusstsein, sodass die Wahrheit noch im Unterbewusstsein schlummert, jedoch kein bewusster Zugang mehr besteht. Deshalb ist es von Bedeutung, dass wir die Rhinozeros-Lügner erkennen, bevor sie in ihren Lügen zu sehr verharren und wir Gefahr laufen, dass wir die Wahrheiten nie erfahren werden. Eine Möglichkeit, den Rhinozeros-Lügner zu entlarven, ist, ihn mit derselben kommunikativen Intensität zu konfrontieren, das heißt, ebenso laut und deutlich zu sprechen, wie er es selbst tut. Denn in der Regel glauben sie, sie könnten die Lüge mit der eigenen Stärke kaschieren. Verdeutlicht man ihnen jedoch, dass man stärker sein kann, als sie es sind, so geben sie oftmals nach und enthüllen ihr Geheimnis.

Rhinozeros-Eigenschaften beim Lügen

- laute Stimme
- deutliches Sprechen
- unwichtige Details klar hervorheben
- intensiver Augenkontakt
- zu starke Körpersprache
- zu expressive Mimik
- zu viele Emotionen
- zu viel Bewegung in Armen und Händen
- überflüssige Bewegungen in Beinen und Füßen

Entlarvung: Konfrontation mit einem noch stärkeren kommunikativen Auftreten als ihrem eigenen sowie der Annahme, dass sie lügen.

Das Reh

Reh-Lügner sind das Gegenteil der Rhinozeros-Lügner. Wenn man sie über eine Geschichte befragt, die sie erlogen haben, er-starren sie wie ein Reh, das mitten auf der Straße von einem Autoscheinwerfer geblendet wird.

Reh-Lügner glauben, dass sie sich dann am wenigsten ver-raten, wenn sie möglichst wenig kommunizieren. Sie spre-chen deshalb, wenn es um ihre Lüge geht, so wenig wie möglich. Zudem erstarren sie förmlich nonverbal. Sie bleiben an Ort und Stelle stehen und kommunizieren mit den Hän-den und insgesamt deutlich weniger. Die Stimme ist entwe-der unverändert oder leiser. Diese Art der reduzierten Kom-munikation liegt daran, dass Reh-Lügner kein allzu großes Selbstvertrauen aufweisen und meist schon die Erfahrung gemacht haben, dass Reden zwar Silber ist, Schweigen jedoch Gold.

Ihr Blick schweift ständig ab, weil sie befürchten, dass ihr Gegenüber bei einem zu starren Blickkontakt denken könnte, dass sie sich – wie das Reh eben – bedroht fühlen. Sie wollen vermitteln, dass alles im Lot ist und dass sie ganz frei sind. In Wirklichkeit aber fühlen sie sich in die Ecke gedrängt. Sie wollen es sich aber nicht anmerken lassen, weil das Gegenüber sonst die Angst wittern und dem Reh noch näher kommen könnte.

Die Reh-Lügner versuchen, möglichst keine Aufmerksamkeit auf sich zu ziehen. Sie kommunizieren weniger emotional in Momenten, in denen man sie entlarven könnte. So ist auch ihre Mimik eingeschränkt. Das Reh will möglichst nichts tun, was es später bereuen könnte. Es glaubt, erfolgreich zu sein durch die geringe Kommunikation – verbal wie nonverbal und inhaltlich. Reh-Lügner versuchen, das Gespräch mit wenigen Worten – ganz dezent – in eine andere Richtung zu lenken. Am liebsten würden sie, wie das Reh in der Natur, rasch davonlaufen. Deshalb vermeiden Reh-Lügner mögliche Gefahrenzonen einfach. Bei Reh-Lügnern kann es durchaus passieren, dass sie tatsächlich einfach weglaufen oder eine Ausrede erfinden, um das Gespräch rasch zu verlassen. Sie glauben, dadurch zu verdeutlichen, dass sie völlig unschuldig sind.

Reh-Lügner vergessen, dass sie nicht nicht kommunizieren können.

Wenn man sie bedrängt, glauben sie, bei der eigenen Lüge bleiben zu müssen, um möglichst glaubwürdig zu wirken. Deshalb sollte man sie nicht bedrängen, sondern einfach ignorieren. Denn wenn Reh-Lügner etwas nicht mögen, dann ist es, nicht beachtet zu werden: Sie reagieren sozusagen übersensibel auf jede ablehnende und ignorierende Geste und Aussage. Kaum übergeht man sie, laufen sie einem hinterher und enthüllen ihre Geheimnisse ganz von selbst.

Reh-Eigenschaften beim Lügen

- wenig Körpersprache
- sprechen weniger
- abschweifender Blick
- wollen so wenig Aufmerksamkeit wie nur möglich erregen
- lenken Gespräch dezent auf ein anderes Thema
- zeigen weniger Emotionen
- zeigen weniger Mimik

Entlarvung: Ihr Lügenverhalten so lange ignorieren, bis die Reh-Lügner von sich aus mit der Wahrheit herausrücken.

Das Chamäleon

Chamäleon-Lügner sind wahre Talente. Sie beherrschen die Kunst, zu wissen, was das Gegenüber sehen und hören will. Und weil sie wahre Verwandlungskünstler sind, können sie die Art ihrer Kommunikation und auch die Inhalte ständig so anpassen, dass sie nicht des Lügens verdächtigt werden. Dies ist ihre unbewusste Taktik. Deshalb kann man auch nur schwer die Merkmale der Chamäleons festhalten: Sie ändern sich ständig. Ein Chamäleon-Lügner ist ein hervorragender Analytiker, der genau weiß, auf welche Weise er die Lüge vermitteln muss, damit das Gegenüber sie als wahr ansieht. Weil sie den Konflikt fürchten, verändern sie stets ihre Gestalt. Im Gegensatz zum Rhinozeros und zum Reh ist dieser Lügnertypus keiner, der angreift oder flüchtet, sondern einer, der in heiklen Situationen versucht, die eigene Haut durch Anpassung zu retten. Würde man Chamäleon-Lügner in ihrem natürlichen Zustand beobachten, könnte man deutliche Stimmungsschwankungen erkennen. Chamäleon-Lügner sind Menschen, die keine Kernpersönlichkeit aufweisen, sondern ihre Persönlichkeit aus verschiedenen Anteilen zusammensetzen.

Das übergeordnete Ziel dieses Lügnertypus ist es, überall beliebt zu sein. Deshalb opfern sie sich gerne für andere auf – das heißt, sie verhalten sich dergestalt, wie das Gegenüber es wünscht, nicht aber so, wie sie sich selbst gerne verhalten würden. Unbewusst fühlen sie, dass sie sich gerade aufopfern. Doch Chamäleon-Lügner würden um ein Vielfaches mehr leiden, würden sie auf ihren Bedürfnissen beharren: denn dann liefen sie Gefahr, dass andere sie nicht mögen und sie in einem schlechten Licht stehen könnten.

Chamäleon-Lügner können auf mehreren Hochzeiten gleichzeitig tanzen. Ähnlich dem Chamäleon in der Natur, dessen Augen in unterschiedliche Richtungen schauen können, gelingt es diesem Lügnertypus, unterschiedliche Aussagen gegenüber unterschiedlichen Menschen zu managen. Er ist sich dessen bewusst, dass er überall etwas anderes erzählt, um gut anzukommen. Es erfordert viel Energie, die unterschiedlichen Aussagen unter einen Hut zu packen, ohne dass das Lügenkonstrukt zusammenbricht.

Um uns zu verdeutlichen, dass sie einer von uns sind, übernehmen sie unsere Meinungen und Perspektiven und infolgedessen auch unsere Worte. Letzteres gilt aber nur für die Anfänger unter ihnen: Fortgeschrittene Chamäleon-Lügner wissen, dass sie durch das Kopieren unserer Sprache auffliegen würden, und verwenden daher bewusst Synonyme.

Die einzige Möglichkeit, den Chamäleon-Lügner zu entlarven, ist, ihn spontan unserer Meinungsänderung auszusetzen. Indem du beispielsweise deine Ansicht komplett änderst, kannst du beobachten, ob er nachzieht und sich deiner neuen Einstellung anpasst. Voraussetzung dafür ist natürlich, dass du dich mit ihm bereits zu einem gewissen Thema ausgetauscht und seine Meinung eingeholt hast, die, wenn er wirklich ein Chamäleon-Lügner ist, dieselbe sein wird wie die deine.

Eine ähnliche Möglichkeit, diesen Typus zu überführen, ist, ihn in einem ganz anderen, privaten Umfeld zu beobachten, mit Menschen, die sich stark von uns unterscheiden. Ein wahrer Chamäleon-Lügner wird hier, mit diesen anderen Menschen, andere Meinungen teilen als mit uns.

Chamäleon-Eigenschaften beim Lügen

- Meinungen ändern sich in anderem Umfeld
- Meinungen ändern sich, sobald sich unsere Meinung ändert
- Kommunikation ist der unseren ähnlich
- benutzen dieselben Worte wie wir (oder Synonyme)
- haben keine Meinung, die von unserer abweicht
- greifen weder gerne an noch flüchten sie gerne
- versuchen Streit durch Anpassung zu vermeiden
- opfern sich auf

Entlarvung: Sie in einem anderen Umfeld beobachten und mit ihrer plötzlichen Meinungsänderung konfrontieren.

Die Schlange

Die wohl am schwierigsten zu durchschauenden Lügner sind die Schlangen-Lügner. Schlangen-Lügner positionieren sich weder durch eine extreme Extrovertiertheit wie Rhinozeros-Lügner noch durch eine Introvertiertheit wie bei den Reh-Lügnern oder durch Anpassung ähnlich den Chamäleon-Lügnern. Schlangen-Lügner fallen auf durch gezielte Führung und Manipulation. Sie können die Schwachstellen des Gegenübers so sehr zu ihrem eigenen Nutzen ins Spiel bringen, dass sie sich letztendlich ganz unbemerkt aus der Affäre ziehen können.

Schlangen-Lügner wissen genau, welche Schwachstelle das Gegenüber aufweist, und lenken das Thema bewusst darauf. Dieses ist in seinem eigenen Schmerz und in seiner Angst schwer getroffen. Da wir alle, die wir von den Schlangen an unsere Ängste und Verletzungen erinnert werden, diese Ängste und Schwachstellen überwinden möchten, schenken wir den Aussagen der Schlangen automatisch Beachtung, weil wir unbewusst wissen, dass wir tatsächlich Ängste und Sorgen haben. Das wirklich Manipulative der Schlangen-Lügner dabei ist, dass sie sich stets über das Opfer stellen. So wie die Schlange sich aufbäumt, tun Schlangen-Lügner so, als hätten sie keine Ängste und keine Macken – oder sie stellen ihre eigenen Ängste und Macken in Relation zu denen des Gegenübers und suggerieren, dass deren Ängste um ein Vielfaches größer seien als ihre eigenen. Auf diese Weise nutzen sie die Ängste des Gegenübers aus und tun so, als könnten sie ihnen helfen. Sie suggerieren Verständnis für unsere Ängste und machen uns klar, dass unser Skeptizismus ihnen gegenüber bloß aus unseren Traumata und aus unserer Vergangenheit kommt. Schlangen-Lügner lenken das Thema auf die Probleme des Gegenübers und machen selbst dann, wenn sie etwas wirklich Unfaires getan haben, ihr Gegenüber dafür verantwortlich. Hierdurch verstärkt der Schlangen-Lügner die Verletzung und die Angst des Gegenübers.

Sobald die Vorwürfe gegenüber dem Schlangen-Lügner nicht mehr zentraler Gesprächsinhalt sind, schlängelt er sich davon, ohne dass man ihn überhaupt zur Verantwortung ziehen konnte. Und selbst dann, wenn man es versuchte, würden Schlangen-Lügner ihre Handlungen mit den negativen Seiten des Gegenübers begründen und verdeutlichen, dass sie stets mehr im Recht sind als ihr Gegenüber.

Besonders auffallend an diesem Typus ist, dass er sehr viel von seinem Gegenüber wissen will. Meist mehr, als er selbst teilt. Jedoch gibt es auch Fortgeschrittene, die absichtlich bestimmte Inhalte aus ihrem Leben erzählen, nur damit das Gegenüber dann ähnliche Inhalte mit ihnen teilt. Leider sind die Erzählungen der Schlangen-Lügner meist erfunden, sodass sie uns immer einen Schritt voraus bleiben.

Schlangen-Lügner haben im Grunde ein geringes Selbstbewusstsein, weshalb sie glauben, das Gegenüber stets übervorteilen zu müssen. Man kann allerdings davon ausgehen, dass sie sich, wenn man sie irgendwann mal ertappen konnte, ohne dass sie sich davonschlängeln konnten, dann auch zur Wahrheit bekennen. Grundsätzlich jedoch müssen sie immer das letzte Wort haben, um zu verdeutlichen, über dem anderen zu stehen.

Kommunikativ fallen Schlangen-Lügner durch eine starke Positionierung ihrer Meinung auf - besonders dann, wenn sie eine ganz andere ist als die des Gegenübers. Schlangen-Lügner erwarten von ihren Mitmenschen, dass sie ihre Meinungen übernehmen. Sie kommen überhaupt nicht damit zurecht, wenn ihnen jemand auf Dauer widerspricht - dies stünde dem Ziel im Wege, dass man zu ihnen aufblickt.

Im Gegensatz zum Chamäleon-Lügner sind sie, wenn es sein muss, sehr angriffslustig. Mit dem Angreifen des Gegenübers und dem Biss in dessen Schwachstelle verdeutlichen sie ihre Macht und höhere Position. Deshalb sind Schlangen-Lügner meist rhetorisch äußerst begabt, was ihr Entlarven auch schwieriger gestaltet. So ist eine der wenigen Möglichkeiten, sie zu überführen, dass man sie damit konfrontiert, ihr manipulatives Spiel durchschaut zu haben. Schlangen-Lügner glauben, dass nur sie selbst wissen, dass sie gerade durch Manipulation versuchen, die Situation zu ihren Gunsten zu beeinflussen. Konfrontiert man sie jedoch mit Äußerungen wie: „Ich habe dein manipulatives Spiel durchschaut: Du versuchst mir ein schlechtes

71

Gewissen einzureden und den Fokus auf mich zu lenken", so kapitulieren sie in der Regel.

Schlangen-Eigenschaften beim Lügen

- wollen viel vom Gegenüber wissen
- wollen sich über den anderen stellen
- wollen stets einen Schritt voraus sein
- sind angriffslustig
- nutzen die Schwachstellen ihres Gegenüber schamlos aus
- sind rhetorisch sehr begabt
- wollen, dass man ihre Meinungen annimmt

- lenken in heiklen Situationen das Gespräch auf die Schwachstellen des Gegenübers
- sind immer im Recht und stellen sich so über andere

Entlarvung: Sie direkt darauf hinweisen, dass man ihr manipulatives Spiel durchschaut hat.

Die Rollen der Lügner können auch ineinandergreifen. Das heißt, dass sich unsere Art zu lügen auch verändern kann, mitunter je nach Typus Mensch, mit dem wir es zu tun haben. So kann es sein, dass wir im Arbeitsumfeld eher Reh-Lügner sind, zu Hause jedoch eher Rhinozeros-Lügner. Wichtig ist jedoch, herauszufinden, welcher Lügnertyp dein Partner ist – in Bezug auf dich. Denn der Typus, den er dir gegenüber einnimmt, ist in der Regel ein stabiler Typus, der sich meist nur mit dem Umfeld ändert. So ist es auch möglich, dass unser Gegenüber zwei

Lügnertypen zugleich verkörpert, beispielsweise eine Mischform aus Rhinozeros und Schlange.

Der Mischtypus Rhinozeros/Schlange weist ein hohes Bedürfnis auf, in Momenten, in denen man ihm Lügen vorwirft, manipulativ und herablassend wie die Schlange und in der überrennenden Art des Rhinozeros über das Gegenüber herzufallen.

Eine weitere Mischform besteht aus Chamäleon und Reh. Dieser Typus kennzeichnet sich durch seine Chamäleon-Fähigkeit aus, sich dem Gegenüber anzupassen und sich keine Feinde zu machen. Zugleich versucht er, so rasch wie möglich die Flucht zu ergreifen in der Art des Rehs.

Wir alle tragen alle Lügnertypen in uns. Wir sind also zu je einem Teil Rhinozeros, Reh, Chamäleon und Schlange. Jedoch haben unsere unterschiedlich ausgeprägten Persönlichkeitsstrukturen auch unterschiedlich ausgeprägte Lügnertypen zur Folge. Das heißt, dass wir alle aufgrund unserer Persönlichkeit vermehrt nach der Art eines dieser vier Typen lügen. Es kann jedoch sein, dass wir in einem veränderten Umfeld unseren Lügnertypus wechseln.

Am schwierigsten zu durchschauen sind die Allround-Lügner. Das sind diejenigen, die ein ziemlich ausgewogenes Verhältnis zu allen vier Lügnertypen aufweisen. Sie sind in der Lügnerskala ganz zentriert zu positionieren.

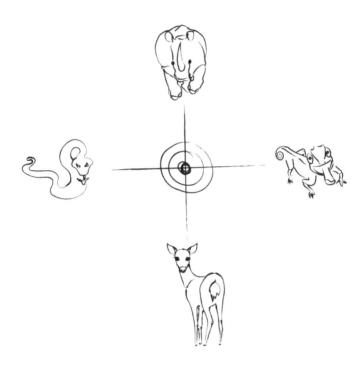

Diese Chamäleon-Reh-Schlangen-Rhinozeros-Lügner sind in ihrem Lügen ungemein flexibel. Meist nur deshalb, weil sie sich noch nicht auf einen bestimmten Typus uns gegenüber festlegen konnten. Man kann davon ausgehen, dass sie in einer Art Findungsphase sind und herausfinden müssen, in welcher Rolle sie sich uns gegenüber sehen: eher in der deutlichen wie das Rhinozeros, in der schüchternen wie das Reh, in der aufopfernden wie das Chamäleon oder in der manipulativen wie die Schlange.

Am einfachsten zu durchschauen sind die Typen, indem man testet, wie sie auf den unberechtigten Vorwurf, gelogen zu haben, reagieren. Beispielsweise: „Du warst heute gar nicht bei der Arbeit, stimmt's?" Dieser sehr ernst vorgebrachte Vorwurf, der natürlich unbegründet ist, löst im Gegenüber eine ganz natürliche und echte Reaktion aus. Die Reaktion des Gegenübers kann dann als relativ authentische Reaktion auf den Vorwurf einer Lüge angesehen werden. Wenn der Chamäleon-Reh-Schlangen-Rhinozeros-Lügner bei einem wirklich begründeten Verdacht ganz anders reagiert, so kann angenommen werden, dass die Angelegenheit gründlicher angesprochen und untersucht werden sollte.

Unsere Werte

Wir alle tragen ganz tief verankerte Werte in uns. Werte, die wir hüten und die uns Identität geben. Diese Werte sind bewusst wie auch unbewusst mit vielen wunderbaren Gefühlen verknüpft: mit dem Gefühl der Sicherheit oder dem Gefühl der Verbundenheit mit den Menschen, die unsere Werte auch in sich tragen, die unsere Werte verstehen und akzeptieren und uns mit unseren Werten so nehmen, wie wir sind. Unsere Wertvorstellungen stellen unseren Lebenspalast dar, den wir verehren und beschützen. Diesen Palast darf nur betreten, wer vorher gewisse Prüfungen bestanden hat. Denn wer in diesen Palast gelangt, könnte wertvolle Inhalte beschädigen. Deshalb überlegen wir es uns zweimal, ob und wen wir in unseren Palast hineinlassen. Viele der in diesem Palast gehüteten Werte sind sehr fragil und sollten deshalb nur von Menschen berührt werden, die diese mit Samthandschuhen anfassen.

Leider kommen viele Werte auch zu Schaden - durch Menschen, die man in seinen Palast hineingelassen hat und von denen man im Nachhinein feststellen muss, dass sie einen die gesamte Zeit über verarscht haben. Aus diesem Grund setzen wir uns selbst gewisse rationale Bedingungen, die lauten: „Wenn der Mensch, für den ich mein Herz öffne, jemals dies oder jenes tun würde, dann würde ich ihn sofort verlassen!" Solchen Grundsätzen scheinen wir uns immer sehr sicher zu sein. Und doch gibt es dann letztendlich ganz große Ausnahmen. Wirklich große Ausnahmen. Ein solcher Grundsatz, den wir für uns selbst formulieren, könnte beispielsweise sein: „Würde mein Freund jemals wieder mit seiner Exfreundin in Kontakt treten, wäre ich sofort weg!"

Spannend wird es dann, wenn solche Prinzipien tatsächlich ausgesetzt oder sogar verletzt werden. Wir alle kennen es, wenn wir anderen „noch eine Chance geben wollen". Und aus einer Chance wird eine zweite und dann eine dritte, und darauf folgen eine vierte und eine fünfte. Plötzlich stellen wir fest, dass wir alle unsere vor oder zu Beginn der Beziehung festgehaltenen Werte neu definiert haben. Ein wunderschöner Prozess, solange dafür die Liebe verantwortlich ist. Denn tatsächlich ist die Liebe mächtiger als alles andere. Die Liebe ist eine Kraft, die keine Begründungen braucht. Die keine Entschuldigung abverlangt. Liebe betrachte ich als Göttlichkeit, die in jedem von uns ist. Und wenn die Liebe nun einen neuen Wert will, so darf dieser neue Wert auch sein. Unsere alten Werte – die entstanden sind, als wir die partnerschaftliche Liebe noch nicht so empfunden haben – wurden ganz einfach überarbeitet. Für diese Überarbeitung der alten Werte braucht es auch keine Begründungen. Es braucht keine Worte. Es ist einfach so, wie es ist.

Anders jedoch ist es, wenn wir unsere eigentlichen Werte nicht aus Liebe zu einem Menschen revidieren, sondern aus Angst. Aus Angst, verlassen zu werden. Aus Angst, allein zu sein. Aus Angst, nicht zu genügen.

Jeder hat ganz eigene Werte – und jeder definiert, welche Gewichtung die eigenen Werte im Leben haben sollen. Jedoch gilt es zu erwähnen, dass die Entscheidung, einen eigenen Wert aus der Angst heraus zu missachten, keine Entscheidung ist, die aus einer positiven Energie heraus entsteht, sondern aus der Angst, sich sonst verletzt zu fühlen. Zu dieser Thematik fällt mir eine Geschichte aus meiner Hypnosetherapiepraxis ein: Eine junge Frau kam zu mir in die Einzeltherapiesitzung. Ihr Problem war, dass sie viele ihrer Werte missachtet hatte, um weiterhin in der Beziehung mit ihrem Freund bleiben zu können. Sie beschrieb es mit ihren Worten so: „Hätte ich meine eigenen Werte nicht in den Hintergrund gestellt, hätte ich die Beziehung beenden müssen." Ich fragte sie, welche Werte genau missachtet worden seien. Sie antwortete: „Ich habe mir früher immer gesagt, dass ich über ein Fremdgehen nicht hinwegkommen könnte. Dann müsste der Seitensprung schon dumm gelaufen sein, dass ich das irgendwie noch akzeptieren könnte." Ich fragte: „Was heißt für dich ‚dumm gelaufen'?" Darauf antwortete sie: „Beispielsweise unter starkem Alkoholeinfluss, wenn man es damit begründen könnte, dass der Verstand ausgeschaltet war und die Triebe so mehr Raum eingenommen haben." Ich fragte sie, ob etwas Ähnliches denn in der Beziehung vorgekommen sei. Sie antwortete: „Ja, mein Freund ist fremdgegangen. Er lebt rund dreieinhalb Autostunden von mir entfernt. Wir sehen uns deshalb nicht so oft, wie ich ihn gerne sehen würde. Meist ein- bis zweimal in der Woche." Ich sagte: „Du sprichst ziemlich nüchtern über den Seitensprung deines Freundes. Hast du das schon gut verarbeiten können?" Sie hielt einen Moment inne. „Ja, ich konnte ihm das irgendwie verzeihen, weil wir danach sehr viel darüber gesprochen haben und es so war, wie ich es geahnt hatte: Er war bei einem Freund, der eine private Party bei sich zu Hause veranstaltete. Wie er und auch sein bester Freund erzählten, floss sehr viel Alkohol. Und es war schon von vornherein abgemacht, dass mein Freund bei seinem besten Freund übernachten würde – eben weil er nicht mehr Auto fahren konnte. Und die eine Kuh dort hat sich, als mein Freund richtig betrunken war, an ihn rangemacht. Mein Freund erzählte, dass er nur noch wenige Erinnerungsfetzen habe, aber dass er sich an den Sex nicht mehr erinnern mag. Man kann also sagen, dass sie ihn genau genommen genötigt hat. Eigentlich wie ein Missbrauch. Denn ich bin sicher, dass er, wenn er bei vollem Verstand gewesen wäre, so etwas nicht getan hätte."

Ich fragte sie, mit welcher Frage sie denn heute komme – was ihr Anliegen sei. Sie fuhr fort: „Ich habe wegen dieses Vorfalls trotzdem viele Zweifel gehegt. Ich konnte oft nicht mehr gedanklich abschalten, wenn ich wusste, dass er mit Freunden in einer Diskothek war oder wenn er ganz besondere Ereignisse hatte, wie beispielsweise ein Geburtstagsessen einer Kameradin, die ich noch nie zuvor gesehen hatte. So habe ich eines Tages, als er gerade auf der Toilette war, die SMS auf seinem Handy gelesen und sah Nachrichten, die er mit seiner Ex ausgetauscht hatte. In diesem Moment hätte ich gleichzeitig weinen und schreien können. Doch ich ließ mir nichts anmerken und wollte in den nächsten Tagen herausfinden, ob die beiden wirklich wieder in Kontakt miteinander stehen. Ich habe die beiden förmlich bei Facebook und in allen möglichen sozialen Medien gestalkt. Und ich sah, dass sie seit dem 24. April alle seine Bilder bei Facebook mit „Gefällt mir" markiert hat. Der Gedanke, dass sich die beiden am 23. oder 24. April getroffen haben könnten, zerfrisst mich innerlich. Am liebsten würde ich mit ihm darüber sprechen, aber ich habe so große Angst davor." Ich fragte sie, wovor genau sie Angst habe. Sie meinte: „Was ich getan habe, ist ja auch nicht korrekt. Ich habe sein Handy durchstöbert. Und ich denke, dass er sehr heftig reagieren würde, wenn ich ihm das sagen würde."

Ich fragte sie: „Hast du den Eindruck, dass er Liebesgefühle für seine Exfreundin empfindet?" Ihre Antwort kam wie aus der Pistole geschossen: „Ja, ich denke, dass bei ihm, wenn sie wirklich wieder engeren Kontakt miteinander haben sollten, wohl schon tiefere Gefühle da sind. Denn als wir uns kennenlernten, wollte er vorerst noch keine neue Beziehung, weil er so sehr unter der Trennung von ihr litt. Er sagte mir das damals sogar so deutlich: dass er sich gerade keine Beziehung mit mir vorstellen könne, weil er noch zu viele Gefühle für seine Ex habe. Dann irgendwann kam er angeblich doch über die Gefühle zu ihr hinweg und mit mir zusammen. Aber ich glaube, wenn er sie zurückhaben könnte, würde er mich sofort für sie verlassen." Ich sagte einen Moment lang nichts. Danach fragte ich: „Was glaubst du, würde geschehen, wenn du ihm sagen würdest, dass du aus all diesen ganz legitimen Gründen heraus sein Handy ergriffen und durchstöbert hast? Dass du eine tiefe Angst in dir hattest und ihn damit nicht belasten wolltest? Du hättest lediglich Gewissheit haben wollen, dass alles okay ist, ohne einen Streit auszulösen. Was glaubst du, wie würde er reagieren, wenn du ihm dies so erklären und mit ihm auf einer sachlichen, ruhigen Ebene sprechen würdest?" Sie zögerte keine Sekunde und antwortete: „Ich glaube, er würde sehr enttäuscht reagieren." – „Und dann?" Sie sagte: „Dann würde er vielleicht Schluss machen." Ich fragte wieder: „Und dann?". Sie antwortete: „Dann wäre ich am Boden zerstört." Ich fragte: „Und dann?" Ihr schossen Tränen in die Augen. Sie presste ihre Lippen zusammen, um die Emotionen zu unterdrücken. Dann sagte sie mit leicht weinerlicher Stimme: „Dann müsste ich mich von ihm lösen. Ich müsste ihn loslassen." Ich fragte: „Und dann?" Sie sagte mit einer noch weinerlicheren Stimme: „Dann müsste ich mit ansehen, wie er vielleicht wieder mit seiner Exfreundin geht." Ich fragte: „Und dann?" Sie nahm ein Taschentuch. Danach sagte sie ziemlich ratlos: „Weiter weiß ich auch nicht mehr ..." Daraufhin wartete ich zwei Sekunden, lehnte mich langsam nach vorn und sagte: „Aber ich weiß, wie es dann weitergeht. Es würde so weitergehen, dass du erkennen würdest, dass dieser Mann sowieso kein Mann für dich wäre, wenn er dich so behandeln würde. Denn hast du das wirklich verdient? Hast du verdient, dass man dir keine Möglichkeit gibt, zu erklären, weshalb du sein Handy durchstöbert hast, nachdem er schon einmal fremdgegangen war? Hast du es wirklich verdient, dass man all deine Werte missachtet und du immer nur die Werte deines Gegenübers annehmen musst? Ist es wirklich zu viel verlangt, nur etwas Akzeptanz und ein richtig klärendes Gespräch zu bekommen? Ich sage dir jetzt mal was: Würde dein Freund deswegen die Beziehung beenden wollen, wäre er sowieso nicht der richtige. Verstanden?" Sie nickte. Und weinte.

Ich erarbeitete mit ihr gemeinsam während der Sitzung eine Strategie, um festzulegen, was sie ihm sagen soll, damit sie ein tiefes Gespräch miteinander führen können. Ein Gespräch, das alles klären kann. Ein Gespräch, in dem beide die Werte des anderen annehmen, sodass im Annehmen der Werte ein Gleichgewicht in der Beziehung entsteht.

Sie verließ meine Praxis und hinterließ mir rund eine Woche später eine Sprachnachricht, in der sie sagte, wie gut es ihr gehe, weil sie endlich mit ihm dieses tief klärende Gespräch habe führen können, das insgesamt sehr ruhig und positiv emotional verlaufen sei. Die Beziehung halte immer noch an und durch das Gespräch seien sie sich einen großen Schritt nähergekommen. Die Verbindung fühle sich in allen Bereichen frischer, noch tiefer und schöner an.

Eine wunderschöne Nachricht, die mich aus tiefstem Herzen gefreut hat. Und die mir verdeutlicht hat, wie wichtig es ist, dass man auf die eigenen Werte achtet wie auf den eigenen Körper und den eigenen Geist. Unsere Werte gehören zu uns. Sie sind ein Teil von uns. Wir können sie überarbeiten, wie wir auch unseren Körper formen können. Und dennoch sollten wir immer das Gefühl haben, dass wir uns mit den Werten, die wir derzeit vertreten, zufrieden und glücklich fühlen können.

Der Manipulator

Es war ein trister Wintertag. Der Schnee auf der Straße war matschig. Ich steckte meine Hände in die Manteltaschen und begab mich, meine Aktentasche unter den Arm geklemmt, in das zentral gelegene Geschäftsgebäude. Die Frau an der Rezeption nahm meinen Namen auf und bat mich, mich einen Moment im Wartebereich zu gedulden. Sie bot mir eine Tasse Kaffee an. Ich lehnte dankend ab. Gute Entscheidung, denn nur wenige Augenblicke später stand plötzlich eine junge, dynamische Frau vor mir, begrüßte mich freundlich, entschuldigte sich, dass ich warten musste, und bat mich, ihr zu folgen. Wir stiegen gemeinsam in den Fahrstuhl und fuhren einige Stockwerke hoch. Wir gingen in einen Meetingraum am Ende des Flurs. In dem Raum stand ein riesiger oval geformter Holztisch, an dem insgesamt etwa zwölf Stühle standen. Sie bat mich, am besten gleich ganz oben am Tisch Platz zu nehmen, und stellte mir ein Glas Wasser hin. Dann bat sie mich, noch einen Moment zu warten, und sagte, der Chef komme gleich. Dann verließ sie den Raum. Geduldig wartete ich einige Minuten, bis sich plötzlich die Tür öffnete und dieselbe Frau wieder hereintrat. Immer noch ohne ihren Chef. Sie sagte, er würde sich jeden Augenblick anschließen. Dann setzte sie sich rechts von mir an den Tisch und nahm ihren Schreibblock und ihren Kugelschreiber nach vorn. Sie

87

machte sich schon erste Notizen, als dann plötzlich die Tür aufging und der Chef hereintrat. Er war formell gekleidet, im Sakko, und trug eine Aktenmappe mit sich. Nachdem er mich begrüßt hatte, setzte er sich links von mir, gleich gegenüber seiner Assistentin, und stellte sie mir zuerst vor. Danach sprachen wir gleich über sehr unemotionale Dinge: Wir sprachen über die Leistungen, die ich seiner Firma bieten könne. Konkret ging es darum, dass ich sein Team unterrichten sollte in der Kommunikation mit dem Unterbewusstsein. Solche Meetings sind für mich keine Seltenheit. Immer mehr Firmen erkennen, wie zentral die Kommunikation zwischen Mitarbeitern und Kunden ist - eigentlich das Wichtigste überhaupt. Das wird deutlich, wenn wir beispielsweise in einem Restaurant etwas Feines essen gehen, aber die Bedienung sehr unfreundlich ist. Wir meiden in Zukunft dieses Restaurant.

Auf genau diese Leistung wollte der Unternehmer, bei dem ich nun saß, zugreifen. Er stellte mir fast nur inhaltliche Fragen zur Optimierung der Kommunikation. Ich zeigte ihm einige mögliche Maßnahmen in der Schulung der Kommunikation seiner Mitarbeiter auf und erklärte ihm bereits, welche positiven Aspekte der Kommunikation mir in diesen wenigen Minuten aufgefallen waren, aber auch, welche optimierungsbedürftigen Äußerungen ich bemerkt hatte. So zum Beispiel, dass die sehr sympathische Frau zu meiner Rechten sich entschuldigt hatte, dass ich unten bei der Rezeption maximal zwei Minuten warten musste. Durch das Entschuldigen nimmt mein Unterbewusstsein - als Kunde - wahr, dass sich das Gegenüber einer Schuld bewusst ist - dass etwas nicht so gelaufen ist, wie es eigentlich laufen sollte. Dabei war doch alles bestens. Die Frau rechts von mir saß sehr entspannt auf ihrem Stuhl und schaute nur ihren Chef an. So als hätte sie ihn mit ihrem Blick gebeten, sie in Schutz zu nehmen. Die beiden sahen sich einen Moment lang in die Augen, als hätten sie einen geheimen Kodex, auf den sie sich mit einem gezielten Blick bezogen. Ich spürte sofort, dass da mehr war, als sie mit Worten mitteilten. Als er dann einen tiefen Atemzug nahm, stimmte er förmlich eine Lobeshymne auf sie an. Er schwärmte, wie toll sie sei und dass sie ihn in alle Geschäftsverhandlungen im In- und Ausland begleite. Dass es ihm deshalb schwerfalle, sie „nur als Mitarbeiterin" zu betrachten. Mir war sehr schnell klar, dass die Beziehung zwischen den beiden nicht nur beruflicher Natur war.

Letztendlich endete die Sitzung inhaltlich sehr positiv. Ich konnte ihnen in wenigen Minuten schon viele Tipps mitgeben, welche sie sich notiert hatten. Der Unternehmer definierte einige geschäftliche Schritte, die er in den kommenden Wochen mit mir gehen wollte. Emotional spürte ich aber, dass seine Assistentin verstimmt war - möglicherweise hatte sich bisher noch niemand getraut, sie zu kritisieren. Sie war offensichtlich einen anderen Umgang gewohnt, nämlich den, dass man ihr den roten Teppich ausrollte - auf den sie auch tatsächlich ihren Chef regelmäßig begleitete, da er ein Millionenimperium führt und international sehr bekannt ist. Mir war klar, dass ich mir jegliche Form der Kooperation abschminken konnte, weil sie ihn dazu überreden würde, nicht mit mir zusammenzuarbeiten. Und mir gab dies die Bestätigung, dass wenn meine konstruktive Kritik vom Geschäftsführer dieser Firma als derart unerwünscht wahrgenommen würde - und dies, obgleich ich zuvor sehr viele sehr positive Rückmeldungen gegeben hatte -, dies keine Firma wäre, mit der ich mich – was meine Werte anbelangt – identifizieren könnte.

Wie vermutet nahm der Unternehmer keinen Kontakt mehr zu mir auf, obwohl weitere Schritte bereits besprochen und klar definiert worden waren.

Nach ein paar Monaten erhielt ich plötzlich einen Telefonanruf von ihm. Er war sehr freundlich und bat mich, seiner Ehefrau einen Termin für eine Hypnosetherapiesitzung zu geben. Ich erklärte ihm, dass ich eigentlich ausgebucht sei, und gab dennoch seiner Frau einen Termin bei mir, weil ich so zu verdeutlichen versuchte, dass wenn ich seine Frau unterstützte, vielleicht auch er die ursprünglich vereinbarte geschäftliche Abmachung einhalten und die Zusammenarbeit, die hoffentlich sehr produktiv und bereichernd wäre, vornehmen würde.

Seine Frau kam dann tatsächlich einige Wochen später zu mir zu einer Hypnosetherapiesitzung. Sie erzählte mir, dass ihr Mann diese Sitzung für sie vereinbart habe, weil sie eine ausgeprägte Schlafstörung habe. Sie könne abends nicht einschlafen und wenn sie mitten in der Nacht erwache, liege sie für mehrere Stunden wach. Ich fragte sie, weshalb sie diese Schlafschwierigkeiten habe. Sie antwortete: „Eigentlich kenne ich den Grund für diese Schlafstörung: Ich ringe einfach mit mir selbst. Ich führe ein kleines Geschäft, in dem ich einige Accessoires verkaufe. Ich bin täglich in meinem Geschäft und mache kaum Gewinn, während mein Mann auf Geschäftsreisen ist und ich ihn manchmal wochenlang nicht sehe." Ich fragte erstaunt: „Wochenlang?" Sie ergänzte sehr rasch: „Ja! Wochenlang! Wenn er beispielsweise in Asien eine Reihe an Geschäftssitzungen hat und danach gleich nach London oder wohin auch immer fliegt, kommt es oft vor, dass er für mehrere Wochen nicht da ist. Und wenn er dann wieder zurück ist, verweilt er in einer anderen Schweizer Niederlassung seiner Geschäftskette." Ich fragte: „Was beschäftigt Sie denn, wenn er nicht da ist?" Sie sagte: „Ich bin tierisch eifersüchtig auf seine Assistentin, die ihn überallhin begleitet. Früher war ich an ihrer Stelle, bis er mir öfters fremdging. Er gab dann immer mir die Schuld, dass ich nicht zärtlich genug sei. Er warf mir vor, dass ich ihm zu wenig Nähe gegeben hätte und er sich die Nähe woanders habe suchen müssen. Er redete auf mich ein, bis ich mich völlig schuldig fühlte. Und ich bin mir sicher, dass seine Assistentin ihm näher steht, als mir lieb ist. Wenn ich nachts wach liege, denke ich darüber nach, ob die beiden wohl etwas miteinander haben. Manchmal, wenn sie auf der anderen Seite der Welt sind und dort Nacht ist, wenn wir Tag haben, kann ich mich bei der Arbeit teilweise nicht mehr konzentrieren, weil ich mir immer ganz schlimme Sachen vorstelle. Wie sie gemeinsam Sex haben und gemeinsam einschlafen und sie eigentlich an meiner Stelle ist. Oder besser gesagt: liegt."

Da ich ihren Mann persönlich erlebt hatte und bereits vor dieser Therapiesitzung mit seiner Ehefrau Einblick in das Techtelmechtel zwischen ihm und seiner Assistentin hatte, lehnte ich mich in meinem Therapiesessel nach vorn, schaute der Frau tief in die Augen und sagte: „Ihnen ist schon klar, dass Ihr Mann ein Manipulator ist?" Sie erwiderte sehr schnell: „Mir ist bewusst, dass er mir oftmals das Wort im Munde umdreht. Und das, obwohl ich ihm immer treu war. All die Jahre hinweg. Ich habe unsere Kinder fast alleine großgezogen. Er hat ihnen zwar die Sachen für die Schule und die Kleider bezahlt – aber mit Geld kann man sich keine Liebe erkaufen. Erst recht nicht bei mir." Ich sagte mit deutlicher Stimme: „Bravo! Bravo, dass Sie zu Ihren Werten stehen! Denn Sie haben es definitiv nicht nötig, Ihre Werte zu missachten. Sie haben Bedürfnisse. Sie haben Rechte. Da Sie mit ihm verheiratet sind ohnehin. Finden Sie einen Weg, der Sie glücklich macht. Einen Weg, auf dem Sie die Gewissheit haben, dass Ihr Mann Ihre Werte respektiert und achtet. Und einen Weg, der Sie unbeschwert schlafen lässt."

Sie erzählte mir viele Geschichten, die verdeutlichten, dass ihr Mann ein Manipulator ist. Und ich entwarf mit ihr gemeinsam eine Strategie, mit der sie nachts wieder in den Schlaf finden konnte. Ich erarbeitete mit ihr den Inhalt eines Gesprächs, das sie mit ihrem Mann führen sollte, wenn sie ihn das nächste Mal sehen würde.

Bei manipulativen Menschen gibt es nur eine einzige Möglichkeit: die Manipulation anzusprechen. Ich ermutigte sie, ihre Selbstsicherheit vor dem Wiedersehen mit ihrem Mann zu stärken und ihren Mann dann mit ruhiger Stimme darauf anzusprechen, dass er ein manipulatives Spiel führe. Ein Spiel, in dem sie für alle seine Verfehlungen ihren Kopf hinhalten müsse. Dass das nicht fair sei und dass sie das manipulative Spiel durchschaue und nun eine Änderung wolle. Sie wolle Regeln. Sie wolle, dass diese Regeln eingehalten würden.

Ich machte ihr klar, dass sie, wenn sie mit klaren Regeln auf ihn zugehe, er nicht widersprechen könne, weil sie ihm so voraus sei. Und wann immer er widersprechen würde, solle sie ihm sagen, dass sie gerade wieder merke, wie sehr er versuche, sie zu manipulieren.

Außerdem, sagte ich ihr, müsse auch er an seinen Prägungen arbeiten. Prägungen, die ihn dazu veranlassen, übermäßig zu kompensieren. Weil dieses Bedürfnis womöglich aus einer Angst resultiert. Ich verdeutlichte ihr, dass auch sie darauf bestehen dürfe, dass er an sich arbeitet. Dass es wichtig sei, dass immer beide an sich arbeiten und nicht nur einer von beiden.

Nach dieser Sitzung rief mich ihr Mann an. Er wollte Sitzungen für seine Tochter und für seinen Sohn vereinbaren. Leider keine Sitzung für sich selbst. Und doch durfte ich durch die beiden bereits erwachsenen Kinder vernehmen, dass ihre Eltern wieder glücklicher waren. Was mich sehr gefreut hat. Ich war mir sicher, dass die Sitzung mit der Frau des gefragten Mannes ganz viel ganz Gutes bewirkt hat.

Vorgehen bei Manipulation in der Beziehung:

1. **Selbstsicherheit im Vorfeld stärken:** Rufe vor dem Gespräch mit dem Beziehungspartner jemanden an, der dir ein gutes, selbstsicheres Gefühl gibt. Zum Beispiel deinen besten Freund. Erinnere dich auch an all das Wunderbare, das du in einer Beziehung bietest. All deine wunderbaren Seiten. Und baue so dein Selbstwertgefühl richtig auf!

2. **Formuliere im Vorfeld Regeln:** Bevor du das entscheidende Gespräch mit dem Beziehungspartner führst, solltest du Regeln formulieren. Regeln, die dir für den weiteren Beziehungsweg wichtig sind. Regeln, die deine Werte repräsentieren.

3. **Beginne das Gespräch ganz ruhig:** Versuche, während des ganzen Gesprächs, besonders aber zu Beginn, sehr ruhig zu bleiben. Damit kommunizierst du dem Unterbewusstsein deines Beziehungspartners, dass du das Gespräch im Wohlwollen führst.

4. **Formuliere schöne Ziele:** Entwerfe zu Beginn des Gesprächs schöne gemeinsame Ziele, die du anstrebst. Ziele wie zum Beispiel mehr Nähe, mehr gemeinsame Unternehmungen oder eine tiefere und noch wärmere Beziehung.

5. **Zeige auf, dass du das manipulative Spiel durchschaut hast:** Kommuniziere deinem Gegenüber, dass du ihn entlarvt hast und du diese Art, wie er mit dir umgeht, nicht mehr auf dir sitzen lassen kannst. Bleibe sehr ruhig, während du dies sagst, damit du deinem Gegenüber damit zeigst, dass du konstruktiv bleibst. Du kannst erwähnen, dass du dieses Spiel bislang akzeptiert hast, dass du es aber von nun an nicht mehr tun wirst.

    Und sollte dein Beziehungspartner wieder beginnen, manipulativ zu werden oder dir das Wort im Munde umzudrehen oder alle Schuld auf dich zu schieben, so verdeutliche sofort, dass dies wieder ein Teil des manipulativen Spieles ist.

6. **Deal:** Strebe eine Einigung an – auf die neuen Regeln, den neuen Umgang und die Akzeptanz der Werte von beiden. Kommuniziere, dass ihr beide an euch arbeiten müsst, und bestehe gegebenenfalls darauf, dass ihr beide eine Therapie macht und nicht nur einer von beiden.

Unehrliche Kommunikation

Das Bedeutungsvollste für eine vertrauensvolle Beziehung ist wohl die ehrliche Kommunikation. Und wenn ich von ehrlicher Kommunikation spreche, so meine ich damit eine Form von Kommunikation, die das ausdrückt, was sich gedanklich abspielt. Das heißt, sie ist dann als ehrlich zu bezeichnen, wenn der sprachliche Ausdruck weitestgehend die gedanklichen Prozesse abdeckt und eine möglichst große Schnittmenge zwischen den Gedanken und dem Kommunizierten besteht.

Eine der offensichtlichsten und klarsten Formen von unehrlicher Kommunikation ist die bewusste Lüge – wenn Menschen etwas anderes ausdrücken, als das, was sie als wahr erachten.

Unter die unehrliche Kommunikation fallen auch sogenannte weiße Lügen. Weiße Lügen bezeichnen eine unvollständige Kommunikation, die aber genau dadurch etwas anderes suggeriert. Wenn beispielsweise eine Frau, weil sie Zweifel an der Treue ihres Mannes hegt, diesen fragt: „Musstest du heute länger arbeiten?", und dieser mit der weißen Lüge antwortet: „Ja, ich hatte noch Schriftliches nachzuholen, weil ich durch den Urlaub in Verzug gekommen bin." Dass er länger arbeiten musste, mag wohl stimmen; doch erwähnte er nicht, dass er sich nach der Arbeit noch mit einer Freundin getroffen hatte. Statt diese Frage ausschweifend zu beantworten, hatte er nur auf den Inhalt der Frage seiner Frau geantwortet. Er antwortete so, dass seine Frau den Eindruck vermittelt bekam, dass er bis zur Heimreise bei der Arbeit war.

Unehrliche Kommunikation, verbale wie nonverbale, hat viele Facetten. Diese zu erkennen, ist meist für ehrliche Menschen nicht ganz einfach, da es die anhaltende Annahme erfordert, angelogen zu werden. So stammt das Wort „ehrlich" vom Althochdeutschen „ērlīh" für „ehrenwert" und „angesehen" ab. Denn besonders ehrliche Menschen haben Ansehen verdient, weil sie den Mut aufbringen, zu ihren Gedanken zu stehen.

Jedoch gilt es auch zu beachten, dass Ehrlichkeit nur eine Qualität unter vielen ist - sie steht auch nicht über anderen Qualitäten wie Fürsorge, Zuwendung oder die Fähigkeit, Mut zu machen. Beispielsweise kann das Äußern eines negativen Gedankens im falschen Moment zwar ehrlich sein, doch unnötig Schaden anrichten. Zum Beispiel dann, wenn wir einem guten Freund, der von einer Sucht loskommen möchte, suggerieren, dass wir nicht daran glauben, dass er es schafft - bloss weil wir es bezweifeln, dass man ein Suchtverhalten wirklich beenden kann. Ehrlichkeit kann im falschen Moment mehr zerstören, als dass es Positives bewirken könnte.

Deshalb sollte in Fällen, in denen ein Mensch durch eine fast zu ehrliche Kommunikation zu Schaden kommen könnte, der Fokus auf eine ehrliche Kommunikation nur in dem Maße gelegt werden, wie die Situation dies auch zulässt. Dass man privat in Liebesbeziehungen ein hohes Maß an Ehrlichkeit braucht, liegt auf der Hand. Dass es auch dort ab und zu Situationen geben kann, in denen man dem Gegenüber mit einer Überdosis an Ehrlichkeit mehr schaden würde als helfen, können wir alle gewiss verstehen. Auch dass viele berufliche Situationen kein Übermaß an Ehrlichkeit erfordern, ist klar. Diese gesunde Einstellung zur Forderung von Ehrlichkeit ist Grundlage für die folgenden Elemente unehrlicher Kommunikation, die ich dir verdeutlichen möchte. Sie können dir Aufschluss über eine möglicherweise unehrliche Kommunikation geben und dir zeigen, wie du unehrliche kommunikative Prozesse entlarvst. Wichtig bei all dem Folgenden ist, dass du dir darüber im Klaren bist, dass über ein einziges solches Element allein nicht pauschal auf eine unehrliche Kommunikation geschlossen werden kann. Die folgenden Hinweise können lediglich dazu beitragen, dein Bauchgefühl zu bestärken, nochmals genauer hinzuhören oder hinzuschauen. Oder sie können helfen, in Verbindung mit anderen Argumenten für mehr Klarheit zu sorgen. Jedoch sollten alle Hinweise stets im Kontext betrachtet und nicht pauschal als einzelne Beweise verstanden werden. Achte stets auf mehrere Aspekte in der Kommunikation und versuche, die konkreten Hinweise in den sonstigen Kontext mit einzubeziehen.

Auch solltest du berücksichtigen, ob das Gegenüber eher dem introvertierten oder eher dem extrovertierten Typ angehört. Denn wir werden in den folgenden kommunikativen Elementen feststellen, dass introvertierte Menschen – also kommunikativ eher ruhigere, in sich gekehrte – andere Anzeichen aufweisen können als extrovertierte – also jene, die ihre Kommunikation nach außen richten. Für uns ist in den unten stehenden kommunikativen Elementen das Verhalten in den entscheidenden Momenten von Bedeutung. Das heißt, dass wir - wenn wir das folgende Wissen proaktiv anwenden wollen, um das Gegenüber zu entlarven - uns lediglich auf die Hinweise in den konkreten Situationen beziehen können, in denen eine klare, wahrheitsgemäße Aussage gefordert ist. Beispielsweise dann, wenn wir dem Gegenüber eine konkrete, vielleicht sogar heikle Frage stellen. Oder dann, wenn das Gegenüber die Essenz der Mitteilung vermittelt - also beispielsweise dann, wenn der Kern der Botschaft vermittelt wird, in dem Sinne, ob er eine gewisse Tat begonnen hat oder nicht, und sich die gesamte Aufmerksamkeit auf eine bestimmte Kernaussage stützt. So beispielsweise dann, wenn wir dem Gegenüber eine geschlossene Frage stellen, also eine Frage, die das Gegenüber lediglich mittels „Ja" oder „Nein" beantworten sollte.

Ganz wichtig ist, dass wir das Verhalten des Gegenübers in diesen Situationen mit seinem sonstigen Wesen vergleichen. Wenn uns auffällt, dass das Verhalten eigentlich gar nicht zu seinem Wesen passt, so kann es nicht schaden, konkreter hinzuschauen.

Nonverbale Kommunikation

Sämtliche Kommunikationswissenschaftler sind sich einig: den größten Anteil unserer Kommunikation macht die nonverbale Kommunikation aus. Gemeint ist die Körpersprache: die Gestik, die Mimik und die Bewegung im Raum. Deshalb sollten wir uns aneignen, die Körpersprache des Gegenübers stärker wahrzunehmen. Der Körper drückt letzten Endes bloß das aus, was der Geist denkt und das Unterbewusstsein fühlt. Man spricht hier auch von sogenannten ideomotorischen Hinweisen. Das sind Bewegungen, die der Körper aufgrund eines Gedankens ganz unbewusst ausführt. Meist sind auch die Gedanken, die zu diesen Bewegungen führen, unbewusster Natur. Wenn ein ideomotorischer Hinweis in lediglich kleinstmöglicher Weise auftritt, spricht man von sogenannten Mikroausdrücken.

Augen
Die Augen verraten uns als Tor zur Seele mehr über das Gegenüber als viele andere kommunikative Organe. Im Grunde weiß dein Gegenüber, dass du durch seine Augen auch in seine Seele blicken könntest. Deshalb versuchen Lügner, dem Blick gezielt auszuweichen. Meist erfolgt dies ganz unbewusst. Es gibt hinsichtlich der Augen nur zwei unterschiedliche Verhaltensweisen: den abschweifenden Blick und den starren Blick.

Ist der Blick zu starr, dann könnte es sein, dass dein Gegenüber verdeutlichen möchte, dass es keine Scheu hat, dir in die Augen zu schauen. Dies ist in vielen Fällen ein aufgesetzter Blick, der möglicherweise etwas kaschieren soll.

Ein ständig abschweifender Blick verrät – sofern dies keine Wesenseigenschaft des Gegenübers ist –, dass dein Gegenüber sich davor scheut, dir in die Augen zu schauen. Womöglich fürchtet es, dass irgendetwas Weitergehendes angesprochen werden könnte, das sein Lügenkonstrukt ins Wanken bringt.

Augenbrauen

Unsere Augenbrauen wirken unscheinbar und dennoch sind sie in der Kommunikation von hoher Bedeutung. Dies haben wir spätestens als Kinder erkannt, wenn wir Gesichter ohne Augenbrauen gemalt haben. Wir bemerkten schnell, dass Augenbrauen entscheidend sind, um das Gesicht eines Menschen als lieb oder böse darzustellen. Die Augenbrauen von freundlichen Menschen zeichneten wir nach oben gerichtet, die Augenbrauen von bösen Menschen nach unten gerichtet. Wir senken unsere Augenbrauen, wenn wir wütend sind, und heben sie, wenn wir verwundert oder ängstlich sind. Die Augenbrauen sind also ein Indiz für unsere emotionale Situation.

Besonders auffallend ist, dass Menschen, die lügen, ihre Lüge so rüberzubringen versuchen, dass sie als möglichst wahr erscheint. Das heißt, sie versuchen ihre eigene Lüge – oder entscheidende, kurze Antworten wie „Ja" oder „Nein" – mit vielen Emotionen zu verstärken. Wenn also dein Gegenüber bei entscheidenden Antworten besonders stark mit den Augenbrauen

kommuniziert – unwichtig, ob dabei die Augenbrauen gehoben oder gesenkt werden –, so kannst du davon ausgehen, dass dein Gegenüber gerade versucht, seiner Antwort den Anschein von Wahrheit zu geben. Eben weil eine Lüge sehr wenig Gehalt hat – also eben bloß eine Hülle ohne Wahrheitsgehalt ist –, versuchen wir, diese Hülle mit allem Erdenklichen zu füllen – wie zum Beispiel mit Emotionen.

Mund

Der Mund ist eines der spannendsten Kommunikationsorgane und dabei das einzig zuständige Organ, um Geheimnisse preiszugeben. Dessen sind wir uns schon von klein auf bewusst. Deshalb haben wir, als wir noch Kinder waren und uns verraten haben, gleich nach dem Verraten die Hände vor den Mund gehalten. Sozusagen um zu verhindern, dass noch weitere ungeschickte Worte den Mund verlassen. Dadurch haben wir uns angeeignet, uns in bestimmten Situationen mit den Händen den Mund zuzuhalten.

Deshalb ist es ein klassisches Verhalten, dass wir, wenn wir mehr sagen könnten, als wir wollen, uns unseren Mund mit wenigen Fingern zuhalten oder beispielsweise den Zeigefinger vor den Mund halten, während wir zuhören. Wir suggerieren uns selbst und unserem eigenen Unterbewusstsein damit, dass wir nicht sprechen oder eben nicht zu viel sagen wollen.

Man kann im Grunde festhalten, dass jeder Finger oberhalb der Unterlippe ein Hinweis auf einen noch verborgenen Inhalt sein könnte.

Wenn dein Gegenüber aus dem erlernten Reflex heraus, sich den Mund zuzuhalten, seine Hand auf das Gesicht zubewegt, aber im letzten Moment aus Sorge, sich mit der Geste zu verraten, mit der Bewegung ausweicht und sich kurz an der Nase oder völlig unnötigerweise im Gesicht kratzt, so kannst du davon ausgehen, dass irgendein für das Gespräch wesentlicher Gedanke noch nicht ausgesprochen worden ist.

Der absolute Mikroausdruck davon ist jedoch das Zupressen der Lippen vor oder nach entscheidenden Aussagen. Durch das Zupressen der Lippen will dein Gegenüber verhindern, dass noch mehr Worte seinen Mund verlassen. Es entspricht dem Zuhalten des Mundes, ohne dabei die Hände zu gebrauchen.

Presst also dein Gegenüber kurz vor oder nach entscheiden-den Aussagen seine Lippen zusammen, so würde ich ihn an dei-ner Stelle dazu ermutigen, dir alles zu sagen, was sich bei ihm gerade gefühlsmäßig abspielt.

Hände
Wir brauchen unsere Hände in beinahe allen erdenklichen Le-benslagen: Wenn wir essen, wenn wir trinken, wenn wir arbei-ten und eben auch als Unterstützung unserer verbalen Kommu-nikation. Hände sprechen. Und dies ganz unbewusst. Und weil wir mit den Händen an alle Stellen unseres Körpers kommen, gibt es für unterschiedliche Gesten auch unterschiedliche Erklä-rungen.

Sich selbst über den Kopf streicheln

Uns selbst über den Kopf zu streicheln, wenn eine Antwort von uns gefordert wird, weist auf ein Verlangen unsererseits hin, uns selbst zu trösten: So wie dies unsere Eltern gemacht haben, wenn wir traurig waren. Wer sich im entscheidenden Moment selbst tröstet, ist entweder enttäuscht von sich selbst - und kurz davor, dieser Enttäuschung offen Ausdruck zu verleihen - oder er tröstet sich selbst damit, weil die Situation aussichtslos zu sein scheint.

Im Grunde gilt dies für alle Berührungen, die am eigenen Kopf, Hinterkopf, Nacken oder am Hals stattfinden.

Kopf

Hinterkopf/Nacken

Hals

Gestikulation

Wer lügt, ist sich dessen in der Regel bewusst. Und wenn nicht, so weiß es zumindest sein Unterbewusstsein. Aus diesem Grund stehen Lügner immer auch unter einem gewissen Druck: Sie wollen nicht auffliegen. Diesen Stress - so wissen sie - könnte man ihnen anmerken. Daher füllen sie oftmals Momente der Stille mit überflüssiger Kommunikation oder mit unnötigen Gesten, die die toten Momente rund um die entscheidenden Aussagen füllen sollen. Meist sind diese Gesten übersteigert, weil das Unterbewusstsein des Lügners in solchen Stressmomenten kein Maß für eine angemessene Gestik finden kann. Der Stress verzerrt die Eigenwahrnehmung des Lügners.

Verschränkte Arme

Wer seine Arme verschränkt, kommuniziert damit nicht grundlegend Ablehnung, wie es vielerorts in Kursen zur nonverbalen Kommunikation vermittelt wird. Verschränkte Arme können viele Bedeutungen haben. Deshalb sollte man sie auch stets im Kontext zum Blick und zum Gesagten des Gegenübers und zu der gesamten Situation betrachten.

Verschränkte Arme können, besonders dann, wenn sie so verschränkt werden, dass sie wie ineinander verknotet sind, Ausdruck von Bequemlichkeit sein: In dieser Position kann man die Arme völlig entlasten. Eine solche entspannte Haltung nimmt dein Gegenüber eigentlich nur ein, wenn es sich genügend sicher fühlt. Wenn also dein Partner ein Rhinozeros-Lügner ist, also aufbrausend ist und an seine eigenen Lügen glaubt, so können verschränkte Arme keinen oder nur wenig Aufschluss über die ganze Sache geben.

Wenn hingegen dein Gegenüber vom Grundsatz her ein introvertierter Mensch ist, so deuten verschränkte Arme eher darauf hin, dass er sich nicht verstanden fühlt und sich selbst Halt geben und Trost spenden möchte.

Ähnlich verhält es sich mit geschlossenen Händen. Wer lügt, schließt die Hände nicht, da beim Lügen in der Regel zu viel Stress erzeugt wird, als dass der lügende Mensch dies aushalten könnte. Lügner sind sich dessen bewusst, dass sie jederzeit angegriffen werden könnten – infolgedessen sind sie stets angriffs- oder fluchtbereit und können keine Gesten und auch kein Verhalten an den Tag legen, das sie entspannen lässt.

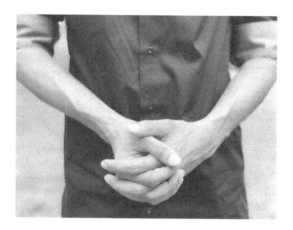

Nesteln

Wer an seinem Fingerring spielt, sich auf die Fingernägel schaut oder an den Fingern, an der Kleidung oder etwas anderem nestelt, scheint sich nicht schuldig zu fühlen. Diese Handlungen deuten eher auf die Gelassenheit des Gegenübers hin.

Blick *auf die* Fingernägel

Beine

Das Positionieren und Bewegen der Beine sind sehr aufschlussreiche Anhaltspunkte, um erkennen zu können, in welcher Lage sich das Gegenüber unbewusst befindet: in der des Standfesten, des Angreifers oder des Flüchtenden. Neurologen wissen, dass Teile unseres Gehirns direkt verbunden sind mit unseren Beinen. Jene Prozesse mussten dazumal – wie heute natürlich immer noch – unbewusst ablaufen. Das bedeutet: Ohne dass wir den bewussten Befehl dazu geben, sind unsere Beine gut durchblutet.

Diese unbewusste Neigung, sich durch die Haltung der Beine auszudrücken, ist mit ein Indikator dafür, ob jemand die Wahrheit sagt. Das gilt vor allem für unübliche Beinbewegungen wie ein nervöses Wippen mit dem Bein. Dies ist insbesondere dann auffallend, wenn ein Wippen mit den Beinen in der Regel bei diesem Menschen nicht vorkommt.

Überkreuzte Beine

Wann immer die Beine überkreuzt werden – unwichtig, auf welche Weise –, so deutet dies auf eine gewisse Gelassenheit hin. Denn wer die Beine überkreuzt, bräuchte im Falle einer Flucht länger, um sich aus dieser Haltung zu lösen. Folglich überkreuzen nur diejenigen Menschen ihre Beine, die ein gewisses Maß an Gelassenheit verspüren und sich auch nicht bedroht fühlen.

Überkreuzen der Beine unter dem Stuhl

Horizontales Überkreuzen der Beine

Klassisches Überkreuzen

Überflüssige Fußbewegungen

Wer lügt, steht bekanntlich unter Stress. Dieser Stress aktiviert auch unsere Beine und zeigt sich letztendlich in unseren Füßen. Wer also bei wichtigen Aussagen mit dem Fuß und insbesondere mit nur einem der beiden Füße zu wippen beginnt, verrät, dass er mehr denkt, als er sagen möchte. Die Füße werden durch das Wippen aufgewärmt, damit eine raschere Flucht oder eben ein schnellerer Angriff möglich wäre.

Wippen mit Fuß

Ebenso verhält es sich, wenn beide Füße auf dem Boden stehen, aber ein Fuß während des Sprechens mit dem vorderen Teil – den Zehen – immer wieder angehoben wird, die Ferse aber weiterhin den Boden berührt. Auch diese Bewegung – insbesondere mit nur einem Fuß – deutet auf eine gewisse Auffälligkeit hin, die uns ahnen lässt, dass gewisse Gedanken noch nicht ausgesprochen wurden. Gedanken, die sich über diese überflüssigen Fußbewegungen äußern.

Heben des vorderen Fußes

Verbale Kommunikation

Was wir denken, drückt sich in unseren Worten aus. Worte sind ein Abbild unserer Gedanken. Was wir uns vorstellen, wird durch unsere Sprache übertragen, bewusst oder unbewusst. Wir sagen oftmals rein unbewusst Worte, Floskeln oder ganze Sätze. Deshalb verraten wir uns beizeiten durch unsere Worte. Aus diesem Grund sollten wir auch auf die Art und Weise Acht geben, wie unser Gegenüber auf gewisse Fragen antwortet. Im Folgenden zeige ich dir Beispiele, wie eine verbale Reaktion auf eine konkrete Frage von uns aussehen könnte und was sie bedeutet. Eine Frage, die – sofern das Gegenüber beabsichtigt, dich zu verarschen – eine Lüge folgen lässt.

Wenn wir die verbale Kommunikation analysieren wollen, ist es wichtig, dass die Fragen, die wir unserem Gegenüber stellen, keine offensichtliche Bedrohung für ihn darstellen. Fragen, die hohen Stress auslösen, behindern uns, herauszufinden, ob unser Gegenüber uns verarscht. Stell also lediglich Fragen, die eigentlich ganz unscheinbar, harmlos und normal sind - solange das Gegenüber auch die Wahrheit sagt. In diesem Fall können wir davon ausgehen, dass das Gegenüber genauso antwortet, wie es immer antwortet: auf seine individuelle Art. Natürlich ist es dafür notwendig, dass wir unser Gegenüber schon etwas kennen, vor allem seine übliche Art zu kommunizieren. Anders verhält es sich, wenn wir dem Gegenüber Fragen stellen, die offensichtlich bedrohlich sind, wie zum Beispiel: „Bist du mir fremdgegangen?" Eine solche Frage ist derart schwerwiegend, dass das Gegenüber sich berechtigt sieht, schockiert - und eben unter Stress - zu reagieren. Wir sollten verhindern, dass sich unser Gegenüber hinter legitimem Stress verstecken kann, denn für uns ist es von Bedeutung, die Unterschiede und Abweichungen in der Kommunikation wahrzunehmen. Wir gehen davon aus, dass, solange alles gut und normal ist und das Gegenüber uns die Wahrheit sagt, auch dessen Kommunikation ganz unverändert bleibt. Erst dann, wenn eine im Grunde harmlose Frage bei unserem Partner Stress auslöst und er deshalb anders spricht als üblicherweise, können wir davon ausgehen, dass irgendetwas nicht stimmt. Es kann sein, dass sich dieser nun herauszureden versucht und sagt: „Ist ja klar, dass ich auf so eine Frage schockiert und auch ganz anders reagiere als sonst! Denn es löst in mir starke Emotionen aus, wenn ich höre, dass du so von mir denkst!"

Stelle deinem Gegenüber stattdessen unverdächtige Fragen wie: „Warst du so lange bei der Arbeit?" Die Devise lautet: Gehe immer von der Unschuld deines Gegenübers aus.

Stimmvolumen

Man kann annehmen, dass jemand, der über ein großes Stimmvolumen verfügt, also eine kräftige Stimme hat, auch dann mit
Nachdruck spricht, wenn er die Wahrheit sagt. Das Gleiche gilt
für denjenigen, der eine etwas schwächere Stimme hat: Er wird
auch dann leise sprechen, wenn er die Wahrheit sagt. Die Wahrheit zu sagen, löst ja keinen Stress aus – folglich bleibt die
Stimme so, wie sie in der Regel ist.

Wenn dein Gegenüber plötzlich lauter spricht als sonst, dann
kannst du davon ausgehen, dass es sich selbst etwas vorzuma-
chen versucht. Meist geht es darum, sich selbst von etwas überzeugen oder eine Enttäuschung sich selbst gegenüber überblen-
den respektive übertönen zu wollen.

Wenn dein Gegenüber beim Beantworten deiner Frage plötzlich auffallend leiser spricht, so kann das ein Ausdruck von
Angst sein oder von Zweifel an der eigenen Aussage oder es
kann ein Zeichen dafür sein, dass dein Partner Bedenken hat,
dass du ihm die Aussage glaubst. Auch kann eine leise Stimme
bedeuten, dass dein Gegenüber enttäuscht von sich selbst ist.

Eine Veränderung der üblichen Sprechlautstärke kann darauf hindeuten, dass dein Gegenüber etwas anders darzustellen
versucht, als es der Fall ist.

Intonation

Die Intonation - die Änderung der Tonlage - kann sehr aufschlussreich sein. Ob wir einen Satz mit erhöhter oder mit tieferer Stimme enden lassen, ist ein rein unbewusster Prozess. Im Normalfall endet eine klare und abschließende Aussage in einer tieferen Tonlage und eine Aussage, die noch nicht abgeschlossen ist, in einer höheren Tonlage. Ein Satz, der mit hoher Stimme endet, ist folglich noch keine finale Aussage.

Im Grunde kann man festhalten, dass eine wahrheitsgemäße Aussage in einer tieferen Tonlage enden sollte - es sei denn, die Äußerung endet in einer Art von Verwunderung. Deshalb sollten Fragen, die den Partner erstaunen oder verwundern oder einen offensichtlichen Stressfaktor für ihn darstellen könnten, nicht als Maßstab genommen werden. Orientiere dich an Fragen, die mit normalen Sätzen beantwortet werden können.

Sprachhygiene

Sprachhygiene meint eine fehlerfreie Aussprache. Diese scheint für Lügner von großer Bedeutung zu sein, weil sie die Lüge mittels möglichst astreiner Sprache zu kompensieren versuchen.

Wer die Wahrheit sagt, der darf sich auch erlauben, mal hier, mal da über die eigenen Worte zu stolpern, und braucht keine übermäßig reine, förmlich perfekte Sprache.

Kommunizierter Inhalt

In der Regel erhält der Inhalt unserer Kommunikation die größte Aufmerksamkeit. Von klein auf werden wir darauf getrimmt, unsere Welt durch den Inhalt unserer Worte zu repräsentieren. In der Schule lernen wir durch die Wiedergabe von Worten und Zahlen unsere Realität zu definieren. Wenn wir die richtigen Aussagen in den Prüfungsbogen einfügen, bekommen wir bessere Schulnoten. Und die guten Schulnoten sollen uns mehr Chancen ermöglichen. Weil wir so stark auf den inhaltlichen Aspekt der Kommunikation konditioniert wurden, legen wir auf diesen auch den höchsten Wert. Leider zu Unrecht: Sämtliche Kommunikationswissenschaftler sind sich einig, dass die Art und Weise, wie wir kommunizieren, viel mehr verrät als der reine Inhalt.

Gegenfragen
Wer Gegenfragen stellt, zeigt, dass es ihn stark interessiert, weshalb man ihm diese Frage stellt oder wieso man Verdacht hegt. Man kann davon ausgehen, dass jemand, der die Wahrheit sagt, auch kein großes Problem damit hat, eine Frage zu beantworten, ohne eine Gegenfrage zu stellen.

Anders hingegen verhält es sich, wenn der Lügner glaubt, aufgeflogen zu sein. Er zeigt dann ein auffallend großes Interesse daran, zu erfahren, weshalb er ins Visier geraten ist. Wenn der Lügner ein Mensch ist, der allgemein gerne die Kontrolle über die Situation behält, so ist ihm die Vorstellung, nicht zu wissen, was andere von ihm denken, sehr unangenehm. Er wittert Kontrollverlust. Deshalb brennt es diesen Menschen unter den Nägeln, zu erfahren, weshalb man ihnen diese Frage stellt.

Je höher der Stresspegel des Gespräches ist, desto normaler sind Gegenfragen. Wer beispielsweise die Frage gestellt bekommt: „Bist du mir fremdgegangen?", der wird, wenn der Vorwurf wirklich haltlos ist, vermutlich mit einer Gegenfrage reagieren im Sinne von „Was? Auf keinen Fall! Wie kommst du denn darauf?" Dabei ist zu unterscheiden, egal wie absurd deine Frage auch ist: Die Antwort – im Sinne von einem „Ja" oder einem „Nein" – kommt im Falle einer Wahrheit stets zuerst, wie oben im Beispiel zu sehen ist. Erst danach werden in der Regel Gegenfragen gestellt. Denn es liegt ja auch im Interesse des Verdächtigten, dass er den Verdacht so schnell wie möglich ausräumen kann. Antwortet dein Gegenüber allerdings zuerst oder ausschließlich mit Gegenfragen, solltest du hellhörig werden.

Minimalismus

Lügner, die wenig Selbstvertrauen haben und befürchten, dass sie sich durch eine ungeschickte Antwort verraten könnten, neigen zu verbalem Minimalismus. Das heißt, sie beantworten die ihnen gestellten Fragen mit so wenigen Worten wie nötig. Besonders auffallend ist es, wenn sie auf eine sehr wichtige Frage einzig mit „Ja" oder „Nein" antworten. Eine solche Art zu kommunizieren ist vor allem dann auffällig, wenn das Stressniveau bei der Frage steigen sollte. Je gravierender also die Frage ist, desto auffälliger ist eine Antwort, die sich auf das verbal Nötigste beschränkt. Denn wem etwas Unzutreffendes unterstellt wird, der möchte der Sache auf den Grund gehen.

Keine geschlossene Antwort

Wer eine geschlossene Frage gestellt bekommt - eine Frage, die mittels „Ja" oder „Nein" zu beantworten wäre -, der sollte diese Frage auch mit „Ja" oder „Nein" beantworten können. Wer auf eine geschlossene Frage mit einem Schweigen oder einem Monolog antwortet, der kein „Ja" oder „Nein" impliziert, der scheut womöglich eine klare Antwort. Ein Beispiel hierfür wäre: „Warst du bei einer anderen Frau?" - „Du weißt doch, dass ich dienstags lange arbeiten muss." Die Frage erfordert eine klare Antwort mit „Ja" oder „Nein", das Unterbewusstsein des Antwortenden jedoch scheint eine solche Antwort zu meiden. Wer folglich auf eine klare, geschlossene Frage keine geschlossene Antwort gibt, scheint einer möglicherweise unangenehmen Antwort ausweichen zu wollen.

Negieren des Vorwurfs

Wer eine Frage, die einen Vorwurf enthält, verneint, will damit verdeutlichen, dass der Vorwurf keineswegs stimmt. Nur funktioniert unser Geist so, dass er sich, wenn man etwas negiert, in diesem Moment dasjenige vorstellt, das er eigentlich verneinen möchte. Wenn dein Partner also sagt: „Ich war nicht bei ihr zu Hause!", dann stellt er sich in diesem Moment des Negierens vor, wie es gewesen wäre, wenn er zu ihr nach Hause gegangen wäre. Würde das stimmen, dass er nicht bei ihr zu Hause war, dann könnte er ja auch glaubhaft schildern, wo er stattdessen gewesen ist, und würde nicht bloß das negieren, was du ihm vorwirfst. Unser Unterbewusstsein kann sich bekanntlich das „Nicht" nicht vorstellen, sondern stellt sich das vor, was das

„Nicht" zu verneinen versucht. Wenn ich dich bitte, nicht an den Eiffelturm zu denken, so denkst du automatisch daran, ob du das nun willst oder nicht. Ebenso verhält es sich mit Lügnern, die sich noch keine konkrete Gegenversion ausgedacht haben. Meist dann, wenn wir ihnen die Frage ganz unerwartet stellen, verneinen sie einfach die ihnen vorgeworfene Geschichte ohne Darlegung einer Alternativgeschichte. Wenn unser Vorwurf also tatsächlich haltlos wäre, dann würde unser Gegenüber wohl eine andere bildhafte Geschichte erzählen und nicht nur die bildhafte Vorstellung aus dem Vorwurf negieren.

Wer die Wahrheit sagt, der hat eine wahre Geschichte zu erzählen und würde niemals nur die angeblich unwahre Geschichte negieren.

Kavaliersdelikt

Besonders verräterisch für Lügen ist das Kavaliersdelikt: eine Tat, die sich eigentlich nicht gehört, die aber dennoch ohne wirkliche Sanktionen toleriert wird. Wer ein Kavaliersdelikt gesteht, hat entweder wirklich das innere Bedürfnis nach absoluter Ehrlichkeit in der Beziehung – oder aber er möchte damit von einem anderen, schwerwiegenderen Fehlverhalten ablenken.

Durch das Kavaliersdelikt gesteht sich dein Gegenüber bereits eine leichte Form der Enttäuschung von sich selbst ein. Damit versetzt es sich selbst in die „Täterrolle". Dein Gegenüber erreicht, dass du über diese kleine Enttäuschung nachdenkst und nicht einmal auf die Idee kommst, dass viel mehr dahinterstecken könnte als das Gebeichtete. Achte besonders darauf, ob das Kavaliersdelikt so gestanden wird, als würde dieser Schritt viel Mut erfordern.

Das Prinzip funktioniert ähnlich wie das des Gegenschmerzes. Wenn ein Arzt einem Kind eine Injektion mit einer Spritze gibt, drückt er womöglich dem Kind mit dem Daumen stark in den Arm. Dieser kleine Schmerz ist zwar nicht angenehm, wird jedoch akzeptiert. In der Zwischenzeit fand bereits die Injektion statt, ohne dass das Setzen der Spritze überhaupt bemerkt wurde.

Gegenbeweis-Fanatismus

Wem ein Fehlverhalten vorgeworfen wird, der hat von Natur aus das Bedürfnis, das Gegenüber mit einfachen Erklärungen davon zu überzeugen, dass dieser Verdacht unbegründet ist. Anders jedoch sollte es sich verhalten, wenn einem Unschuldigen eine eigentlich harmlose Frage gestellt wird. Eine Frage, die aber bei einer falschen Antwort eine gewisse Schuld sichtbar machen könnte. Ein Beispiel: Eine Frau fragt ihren Freund: „Löschst du eigentlich heimlich Nachrichten auf deinem Handy, die ich nicht sehen soll?" Dieser antwortet nun mit einer beinahe unendlichen Reihe von Äußerungen wie: „Auf keinen Fall! Weshalb sonst sollte ich ständig mein Handy unbeobachtet rumliegen lassen? Ich meine, mit wem sollte ich überhaupt schreiben? Ich hätte ja für so etwas gar keine Zeit! Du bist ja ständig um mich herum, kaum dass ich zu Hause bin. Dann müsste ich ja immer nur während der Arbeit mit dieser Frau schreiben. Und dann würde ich ja das Risiko eingehen, dass sie mir mal schreibt, wenn ich zu Hause bei dir bin und du es sehen könntest, wenn das Handy neben mir auf der Couch liegt. Ich müsste also so komplexe Risiken eingehen, dass das ja kaum umsetzbar wäre ohne aufzufliegen.“

Wenn eine solche Antwort folgt, kannst du davon ausgehen, dass dein Gegenüber sich durch diese Antwort selbst bestätigen will, wie clever es eigentlich ist.

Eine Ausnahme ist dann gegeben, wenn dein Gegenüber von deinem Vorwurf schockiert ist und befürchtet, dass dein Vertrauen dadurch Schaden nehmen könnte. In diesem Fall ist eine ausführliche, beinahe fanatische Suche nach Gegenbeweisen eine gewöhnliche Reaktion, um das Vertrauen nicht zu verlieren. Du spürst aber, ob das Gegenüber tatsächlich die Beweise sucht, um zu verdeutlichen, dass du ihm vertrauen kannst.

Notorische Lügner

Als Hypnosetherapeut durfte ich schon viele Menschen auf ihrem Weg in die Freiheit begleiten – in die Freiheit von Ängsten und Sorgen, aber auch von Suchtverhalten. Aus dem Alkoholismus, der Nikotinsucht sowie aus ganz spezifischen Süchten heraus habe ich bisher schon viele Menschen begleiten dürfen. Meist stellen wir uns, wenn wir von Suchtverhalten sprechen, eine Abhängigkeit von einer Substanz vor. Doch es gibt auch Suchtverhalten, das sich an einem immateriellen Inhalt orientiert. So beispielsweise die Sucht, zu lügen. Ja, es gibt in der Tat Menschen, die förmlich süchtig danach sind, zu lügen. In der Gesellschaft bezeichnet man sie als notorische Lügner. Notorisch deshalb, weil sie für ihr Lügenverhalten schon förmlich bekannt sind. Notorisch auch deshalb, weil bei genauerer Betrachtung ein pathologisches Muster dahinter liegt, ein krankhaftes Verhalten. Eine Art Zwangsverhalten. Sie spüren einen inneren Drang, das Gegenüber zu belügen.

Wenn man mit solchen Personen therapeutisch arbeitet, erzählen sie einem oftmals, dass das Gefühl, nicht lügen zu können, in ihnen eine Unruhe herbeiführt, eine Unsicherheit. Eine Angst. Und dass die Möglichkeit, andere Menschen zu belügen, ihnen eine Art unsichtbaren Panzer verleiht. Ich hatte auch schon Klienten mit diesem Anliegen, die mir berichtet haben, dass sie dadurch glauben, dem Gegenüber stets einen Schritt voraus und dadurch auch weniger verletzbar zu sein.

In Wahrheit jedoch machen sich diese Menschen durch das Lügen noch viel verletzbarer, als wenn sie an wirklich wesentlichen Stellen zur Wahrheit stehen würden. Durch das ewige Lügen entsteht mit der Zeit eine sehr große Inkongruenz. Denn meist erzählen notorische Lügner allen etwas anderes. Sie müssen sich also auch unterschiedliche Lügengeschichten merken können, die sie den Menschen erzählt haben. Wenn sie wieder auf diese Menschen treffen, müssen sie sich genau erinnern können, was sie ihnen erzählt haben. Dadurch haben sie unzählige unterschiedliche Geschichten und somit auch unzählige unterschiedliche Identitäten, die sie vortäuschen. Jede Geschichte erfordert meist auch eine andere Rolle und mit ihr eine andere Identität. Sie geben förmlich ihre Kernidentität auf – und dies zum Preis einer Scheinsicherheit.

Wenn man sich die Lebensgeschichte von notorischen Lügnern genauer anschaut, erkennt man oftmals, dass ihre tiefen Prägungen, Enttäuschungen und Verletzungen sie zu diesem Verhalten getrieben haben. Sie haben Erfahrungen gesammelt, bei denen sie gelernt haben, dass man sie beispielsweise nicht bestraft hätte, wenn sie gelogen hätten. Und dass man sie abgewiesen hat, wenn sie Wahrheiten sagten, die man nicht hören wollte. Dadurch entsteht ein einfacher Lernprozess, der sie glauben lässt, dass sie, wenn sie lügen, in Sicherheit sind.

Wenn man also einem notorischen Lügner begegnet, dann ist das in etwa so, wie einem wilden Tier in der freien Natur zu begegnen: Meist hat das Tier mehr Angst vor uns als wir vor ihm. Gehe also auf den notorischen Lügner zu und sage ihm immer und immer wieder, dass du Ehrlichkeit sehr schätzt und dass es bei dir keine falschen Antworten gibt. Rede dem notorischen Lügner dann gut zu, wenn du merkst, dass er etwas sagt oder erzählt, was definitiv der Wahrheit entspricht. Damit führst du ihn in einen neuen Lernprozess. Wichtig ist, dass du ihm seine Lügen nicht verübelst, sondern als seinen Selbstschutz betrachtest, den er aufgrund seiner Verletzungen braucht.

Solltest du einen notorischen Lügner irgendwie bestrafen, wenn er mal etwas Wahres sagt, so sei gewiss, dass dieses Tadeln ihn viel tiefer trifft als viele andere Menschen. Er wird dir womöglich von diesem Moment an nicht mehr die Wahrheit sagen und in sein Zwangsverhalten fallen. Deshalb solltest du notorische Lügner nicht auf ihre Lügen hinweisen. Nimm ihnen ihren Schutz nicht weg. Sprich stattdessen eher über eine seiner Ängste, wenn diese zu einem Thema werden sollte, und ermutige ihn, diese mittels einer Therapie anzugehen, sodass er sich ganz frei, sicher und geliebt fühlen kann.

Ideale Verhaltensweise gegenüber notorischen Lügnern:

- niemals auf Lügen hinweisen
- positiv zusprechen, wenn sie die Wahrheit sagen
- suggerieren, dass man die Wahrheit besonders schön findet
- Lügenverhalten als Schutz sehen und nicht verübeln
- keine wahren Aussagen tadeln
- keine Formen von Sanktionierung bei wahren Äußerungen
- auf ihre Angst hinweisen und Therapie empfehlen

Die offene Kühlschranktür

Es war ein ganz gewöhnlicher Therapietag für mich, ein Tag wie jeder andere. Ein Tag, an dem ich in meinem Therapiezentrum – dem Institut für Geistige Entwicklung – Klienten empfange, die ich mit Hypnose- und Gesprächstherapie zu ihren Zielen begleite. So war ein Termin eingetragen zur Hypnosetherapiesitzung für ein siebenjähriges Mädchen. Doch als die Eltern mit ihrer Tochter zur Tür hereintraten, bemerkten meine Mitarbeiter und ich, dass rund um die Familie eine Spannung in der Luft lag. Sie setzten sich erst einmal in den Warteraum und füllten den Anamnesebogen aus. Als sie aufgefordert wurden, mit ihrer Tochter ins Therapiezimmer zu gehen, meinten sie, sie würden lieber vorerst ohne ihre Tochter mit mir sprechen. So wartete die Tochter geduldig im Warteraum, während sich ihre Eltern mit mir gemeinsam ins Therapiezimmer bewegten. Ich fragte sie, wie ich sie denn unterstützen dürfe. Darauf antwortete die Mutter des Mädchens: „Eigentlich war die Sitzung für unsere Tochter vorgesehen, die derzeit starke Konzentrationsschwierigkeiten in der Schule und beim Lernen hat. Doch heute Morgen hat sich in unserer Beziehung wieder etwas zugespitzt, sodass wir letztendlich auf der ganzen Autofahrt hierhin gestritten haben. Und wir glauben, dass es wichtig ist, dass wir beide erst einmal an uns arbeiten, damit wir auch für unsere

Tochter da sein können. Wir glauben, dass sich das auch auf sie positiv auswirken wird."

Da musste ich ihnen zustimmen, wobei ich betonte, dass es für ein Kind auch wichtig sei, miterleben zu dürfen, dass sich ein Streit auch wieder durch konstruktives Zusammenarbeiten auflösen und im Frieden enden kann. Ich beruhigte die Eltern auch damit, dass es für Kinder wichtig sei, mitzuerleben, wie man Probleme und Streitigkeiten löst. Und dass es gefährlich sei, ein Kind über die gesamte Erziehung hinweg niemals einen Streit der Eltern miterleben zu lassen. Das sei auch gar nicht möglich. Auch sei es nicht möglich, das eigene Kind nicht zu prägen. Jede Mutter und jeder Vater präge sein Kind auf positive Weise – und hier und da auch durch Aussagen und erzieherische Taktiken, die besser nicht hätten sein sollen. Doch auch diese schwachen Momente hätten Potenzial in sich: Das Potenzial, dass man dem Kind zeigen kann, dass man eine negative Situation durch Zusammenhalt in einen Moment der Liebe und Verbundenheit verwandeln kann. So fragte ich nach, was denn an jenem Morgen ausschlaggebend gewesen sei für den großen Streit. Meine Klienten hielten einen Moment inne. Mir war sofort klar, dass der Auslöser für den Streit einer war, über den sie beide nur ungern sprachen. Doch nach paar Sekunden nahm die Frau einen tiefen Atemzug und sagte: „Es mag sich komisch anhören, aber ich machte mich fertig für die Abfahrt, habe meiner Tochter Jacke und Schuhe angezogen, während mein Mann in der Küche einen Orangensaft trank. Als ich in die Küche ging, musste ich feststellen, dass er, während er den Orangensaft trank, wieder einmal die Kühlschranktür hatte offen stehen lassen. Und ich habe ihm schon hundert Mal gesagt, dass wenn er die Kühlschranktür offen stehen lässt, das Kondenswasser von der Tür auf den Boden tropft. Und glauben Sie, er würde jemals den Boden putzen? Ich mache den ganzen Haushalt, fahre meine Tochter zur Schule und hole sie wieder ab, erledige mit ihr die Hausaufgaben und gehe auch noch arbeiten. Und dann soll ich noch meinem Mann, dessen Verhalten dem eines Paschas ähnelt, hinterherputzen? Ich fühle mich gerade noch gut genug fürs Putzen. Aber nicht wie eine Frau, die geliebt wird. Würde er mich lieben, dann würde er mich doch mal ernst nehmen und mir zuhören."

Meine Reaktion darauf war, dass ich den Mann ansah und ihn fragte: „Und was passiert da nun in Ihnen, wenn Sie diese Worte hören?" Der Mann zuckte mit den Schultern, schaute nur auf den Boden und verstummte. Seine Frau sagte: „Sehen Sie - so läuft es jeden Tag. Ich versuche unsere Beziehung zu verbessern und er schweigt und gibt sich keinerlei Mühe, noch irgendetwas Gutes für unsere Beziehung zu tun." Ich schwieg und versuchte durch mein Schweigen zu verdeutlichen, dass alles gut ist und sie wieder die Verbindung zueinander finden dürfen. So sagte ich: „Es ist wichtig, dass ich mit Ihnen beiden jeweils unter vier Augen arbeiten kann - sodass Sie als Frau erkennen, dass Sie geliebt werden und sich nicht mehr länger so unwichtig fühlen, und Sie als Mann, dass Sie Ihre Emotionen gezielter ausdrücken und verdeutlichen können, wie sehr Sie Ihre Frau lieben." Die beiden waren einverstanden.

So sprach ich zuerst mit dem Mann alleine, da seine Frau im Gespräch kommunizierte, dass das Hauptproblem sein Verhalten sei. Ich versuchte ihm aufzuzeigen, dass es eigentlich völlig unwichtig ist, was genau vorfällt, sondern dass es viel wichtiger ist, welches Gefühl eine Handlung oder eine Situation in seiner Frau auslöst. Eine Denkweise, die wir in Beziehungen leider viel zu selten vornehmen – nämlich sich richtig in das Gegenüber hineinzuversetzen und zu verstehen, was genau beispielsweise eine offen stehende Kühlschranktür im Beziehungspartner auslösen kann. Es ist das Gefühl der Hilflosigkeit, das uns in der Kindheit prägt. Das Gefühl, der Situation hilflos ausgesetzt zu sein. Beispielsweise dann, wenn die eigenen Eltern gestritten haben, oder dann, wenn man in der Schule gemobbt wurde. Oder wenn man im Turnunterricht als Letzter übrigblieb bei der Wahl der Teammitglieder. Eine Situation, über die wir heute vielleicht lachen können, aber die für jeden Schüler tief prägend ist, weil sie einem das Gefühl gibt, der Unbeliebteste überhaupt zu sein. Wenn sich dieses Gefühl nun vermehrt durch viele andere Situationen wiederholt und so vielleicht in frühen, ersten Beziehungen, dann ist es ganz normal, dass die Betroffenen dieses negative Gefühl zu verhindern versuchen. Es gibt viele Beziehungen, die allein deshalb zustande kommen, weil die Beziehungspartner sich gegenseitig das Gefühl der Sicherheit geben – nicht aber, weil wirklich die Liebe im Vordergrund steht. Viele spüren bereits während der Kennenlernphase, dass das Gegenüber bei ihnen noch nie dieses negative Gefühl der Hilflosigkeit ausgelöst hat, und das gibt ihnen ein Gefühl der Sicherheit. Viele lassen sich von diesem Gefühl leiten. So stark, dass ihr Unterbewusstsein förmlich Luftsprünge macht, weil es bei jenem Menschen die Gewissheit hat, nicht verletzt zu werden. Das Gefühl der Sicherheit kann so stark sein, dass es sich beinahe so anfühlt, als würde man den Beziehungspartner lieben. Doch eine tatsächliche Liebe ist es oftmals nicht. Was sich spätestens dann zeigt, wenn der Beziehungspartner in einem plötzlich doch ein Gefühl der Unsicherheit auslöst und dieses eine negative Gefühl ausreicht, um die Beziehung zu beenden. Es ist keine wirkliche Liebe vorhanden, die stützt, verbindet und zusammenschweißt.

Meinem Klienten, dem Herrn, der die Kühlschranktür an jenem Morgen hatte offen stehen lassen, leuchtete dies ein. So erklärte ich ihm, dass das Aussprechen eines einfachen Satzes wie „Du bist der wichtigste Mensch für mich" alles wieder heilen und das Unterbewusstsein seiner Partnerin rasch tief beruhigen könne. Ihr würde damit verdeutlicht werden, dass diese Situation keine Wiederholung ihrer vergangenen Prägungen ist – die früher einmal prägenden Momente würden in der Beziehung nicht mehr vorkommen. Der Mann verstand, was ich meinte.

Nach diesem Gespräch verließ er den Therapieraum und seine Frau kam herein. Ihr verdeutlichte ich, dass sie sich ihren Mann unbewusst ausgesucht habe – weil sich Gegensätze anziehen. Genauso, wie sich Protonen und Elektronen gegenseitig anziehen und dadurch überhaupt erst Materie entstehen kann. Ich habe ihr erläutert, dass sie eher die Extrovertierte sei, die ihre Gefühle sehr gut ausdrücken könne. Und dass er eher der Introvertierte sei, der das Gefühl hüte und nicht so schnell darüber spreche, weil das Gefühl unausgesprochen noch unverbrauchter sei. Und ich habe ihr verdeutlicht, dass wenn ihr Mann ebenso wie sie alles sagen würde, was er denkt, ihr möglicherweise nicht mehr so wohl dabei wäre. Ich sagte ihr, dass sein Schweigen eine Form sei, seine Zufriedenheit auszudrücken – also etwas Positives sei. Und dass er dann sprechen würde, wenn er nicht mehr zufrieden wäre. Seine Art, ihrer „Bedingung", die

Kühlschranktür nicht mehr offen stehen zu lassen, nur wenig Beachtung zu schenken, sei der Beweis dafür, dass er sie liebe. Denn angenommen, er würde sie nicht von Grund auf lieben und würde ihr ständig beweisen müssen, dass er sie wirklich liebe, so würde er sich bemühen, ihr auf solch rationale Weise mit so einfachen Tricks zu zeigen, dass er sie liebe. Würde er sie nicht lieben, so wäre es ja ein einfaches Spiel und würde ihm ja gerade gelegen kommen, ihr mit solchen einfachen kleinen Verhaltensweisen vorzugaukeln, dass er sie liebe, weil er ja wisse, dass das ein Zeichen der Liebe für sie sei. Dem sei aber nicht so: Er brauche keine Zeichen der Liebe zu geben, die sich in einer verschlossenen Kühlschranktür äußern. Weil er wisse, dass er sie liebe. Und eben gerade deshalb brauche er anderen „Bedingungen" von ihr keine Beachtung zu schenken. Zugleich sei das „Nichtausführen" eine von ihm eigens kreierte Art der Paartherapie, weil er ihr beibringe, dass er sie immer und überall liebe. Egal ob nun eine Kühlschranktür offen stehe oder nicht.

Die Klientin war zu Tränen gerührt und ich konnte ihren Mann ebenfalls in den Raum bitten. Mit ihnen beiden führte ich eine Übung durch, die sie in ihrer Verbundenheit stärkte und es ihnen ermöglichte, das Unterbewusstsein auf Liebe zu programmieren. Die Übung erforderte, dass beide ihre Augen schlossen. Danach sollten sie sich eine wunderschöne Verbindung zum Gegenüber vorstellen. Eine Verbindung, die die Liebe darstellt. Vielleicht ein Licht, das von Herz zu Herz strahlt. Oder ein Band. Oder ein Seil oder eine Energie. Und dann forderte ich sie auf, zu erkennen, welche Farbe diese Verbindung zum Partner hat. Anschließend bat ich sie, zu spüren, was jetzt, wo sie diese Verbindung spüren konnten, im Körper genau geschah. Ich ließ ihnen einige Minuten Zeit, ihren Körper zu spüren und wahrzunehmen. Sie sollten beide jeweils die Hand in die Höhe heben und schwebend oben in der Luft halten, um mir zu zeigen, wenn sie etwas Konkretes spürten. Und erstaunlich war, wie beide ihre Hand - mit geschlossenen Augen - förmlich synchron hoben. Ich ließ beide ihre Augen öffnen. Sie hatten so sehen können, dass das Gegenüber die Liebe spürte. Sie lächelten sich an. Es war ein Lächeln der Erlösung, der Stärke. Ein Lächeln der Liebe. Dann sagte ich ihnen: „Ich sah gerade in euren Gesichtern das Lächeln, das ihr hattet, als ihr euch beim Kennenlernen angeschaut habt. Herzlichen Glückwunsch!"

Paarübung:

1. Mit geschlossenen Augen die Liebe zwischen dem Partner und sich selbst visualisieren.

2. Erkennen, wie diese Liebe aussieht und welche Farbe sie hat.

3. Wahrnehmen, wie genau sich diese Liebe im Körper spüren lässt.

Der unbewusste Magnet

Wir alle kennen das Gefühl, immer wieder an denselben Typus Mensch zu geraten. Wir haben das Gefühl, irgendein unbewusstes Muster in uns zu haben, das wie ein Magnet immer wieder denselben Typus anzieht: Menschen, die uns verletzen. Menschen, die uns belügen. Menschen, die uns enttäuschen oder keine Gefühle zeigen können.

Diese Wiederholungen sind eine sehr wichtige Erfahrung. Sie sind eine Art natürliche Therapie unseres Unterbewusstseins. Unser Unterbewusstsein ist also nicht nur der von negativen Erfahrungen betroffene Teil, sondern zugleich auch unser innerer Therapeut. Dies zeigt sich dann, wenn unser Unterbewusstsein es sich zur Aufgabe macht, die Konfrontation mit dem herzustellen, was uns einst verletzt oder enttäuscht hat. Es will uns eines Besseren belehren: dass das Schöne dominieren kann. Und so funktioniert das menschliche Unterbewusstsein: Es merkt sich das, wovon es sich negativ geprägt fühlte, sodass es dieses wieder herbeiführen kann, um mit ihm Frieden zu schließen. So erging es auch mir persönlich: Auch ich kenne die Erfahrung, immer wieder denselben Menschentypus anzuziehen. Alles begann an jenem Abend, von dem ich eingangs erzählt habe, als mein Vater unsere Möbel durch die geschlossenen Fenster warf. Ein Eklat, wie ihn unsere Familie noch nie erlebt hatte. Er hatte eine Grenze überschritten und war sich dessen auch bewusst. Wir alle hatten Angst vor der immensen Energie, die er auf einmal freisetzte. Eine Energie, die in ihm geschlummert haben muss, weil er sich von den Psychiatern nicht verstanden fühlte; weil er Medikamente mit grausamen Nebenwirkungen hätte nehmen müssen. Weil man ihm den Stempel „geistig krank" aufdrückte und er sich - der Stempel war nun einmal gesetzt - nicht mehr dagegen wehren konnte. Jeder Versuch, sich gegen diese Einordnung zu wehren, hätte die Ärzte nur in ihrer Annahme bestätigt.

All diese Energie verließ seinen Körper innerhalb von wenigen Minuten. Am Morgen darauf, als wir Kinder mit unserer Mutter im Haus unserer Großmutter erwachten, überbrachten uns zwei Polizisten die Nachricht, dass man unseren Vater unterhalb einer sehr hohen Brücke im Stadtinneren von Bern gefunden hatte. Es war der 1. März 1995. Ein Tag, der sich in mein Gehirn eingebrannt hat wie kein anderer. Ein Tag, an dem ich lernte, dass selbst die Menschen, die ich wirklich liebte, einfach die Entscheidung treffen können, mich zu verlassen. Eine Erfahrung, die fast mehr schmerzte als jede andere. Diese Entscheidung musste ich lernen, in einem Alter anzunehmen - in dem man seinen Vater einfach richtig toll findet und er das größte Vorbild ist. In dem Alter will man auf dem Pausenhof in einer Notsituation sagen können: „Wenn du mich nicht in Ruhe lässt, rufe ich meinen Papa, und wenn der kommt, macht er dich fertig!" Doch das konnte ich nicht mehr. Zwar konnten mich mein drei Jahre älterer Bruder, meine fünf Jahre ältere Schwester und meine Mutter beschützen - trotzdem fehlte mein Vater einfach wie noch nie zuvor. Besonders dann, wenn ich auf dem Pausenhof von den Mitschülern gehänselt wurde wegen meiner roten Haare und der Sommersprossen. Hänseleien, die zu einer Zeit kamen, in der ich sowieso schon sehr traurig war. Zu dieser Zeit erfuhr mein Unterbewusstsein, dass ausgeschlossen zu werden eines der verletzendsten Gefühle überhaupt ist. Dass es das Gefühl in sich birgt, nicht zu genügen.

Damals in der Schule wusste ich kaum, wie ich damit umgehen sollte. Deshalb entwickelte ich den tiefen Drang, die Realität beeinflussen zu können - sie kontrollieren zu können. Förmlich zaubern zu können. Ich kann mich noch gut an eine kindliche Fantasie erinnern: Ich hatte den Wunsch, allein durch Gedankenkraft eine Tür schließen zu können. Wenn ich diesen Gedanken heute psychologisch deuten müsste, so glaube ich, dass mein Unterbewusstsein sich diese Fähigkeit gewünscht hatte, um Menschen, die ich liebe, davon abhalten zu können, davonzulaufen wie mein Vater.

Heute weiß ich, dass alles in meinem Leben mich dorthin geführt hat, wo ich heute bin: die merkwürdigen Ohnmachtsanfälle und alle damit verbundenen Untersuchungen, die mir das Gefühl gaben, nicht ganz normal zu sein. Der 1. März 1995. Das Mobbing in der Schule.

Doch hatte ich damals - und habe immer noch - eine Mutter, die mit Worten nicht zu beschreiben ist. Sie hat intuitiv das einzig Richtige getan, indem sie mir immer wieder versicherte, dass ich eben etwas ganz Besonderes sei. Und als dann noch die Erwachsenen immer dann, wenn ich ihnen meinen Namen nannte, erstaunt sagten: „Ach, wie der Erzengel?", nahm ich das als Bestätigung für das, was meine Mutter sagte. Ich glaubte meiner Mutter, dass ich das alles nicht negativ, sondern durchaus positiv betrachten musste.

Und was ist aus mir geworden? Ein Botschafter der unendlichen Möglichkeiten unseres Geistes – wie der Erzengel Gabriel, der auch als Botschafter gilt. Womöglich, weil ich die Aussagen von außen glaubte und ihre Wirkung einfach zuließ.

Doch auf dem Weg dahin zog ich ständig Menschen an, die wie mein Vater davonliefen. Menschen, die ich mochte. Ich zog Menschen an, die mich wie die Kinder früher auf dem Pausenhof ausschlossen. Mein Unterbewusstsein suchte die Konfrontation mit möglichst denselben Situationen, um sich vom Gegenteil überzeugen zu können. Und um dadurch die alten Wunden zu heilen.

Wenn wir also merken, dass wir immer wieder denselben Typus Mensch anziehen – und von immer demselben Typus enttäuscht werden, dann lohnt es sich, den Blick in unsere eigene Vergangenheit zu richten und uns Gedanken darüber zu machen, was das mit uns selbst zu tun haben könnte. Welche alten Wunden unser Unterbewusstsein damit womöglich heilen möchte.

So ist es beispielsweise keine Seltenheit, dass sich Kinder, die sehr autoritär erzogen wurden, im Erwachsenenalter Beziehungspartner suchen, die ebenfalls sehr autoritär auftreten. Leute, die als Kind geschlagen wurden, suchen sich verstärkt dominante Beziehungspartner mit einem Hang zu häuslicher Gewalt. Menschen, die als Kind von den Eltern keinerlei Gefühle gezeigt bekommen haben, suchen sich Partner aus, die ebenfalls keine Gefühle zeigen. Es ist unser Unterbewusstsein, das intuitiv noch einmal die ähnliche Situation herstellt, um sich das Gegenteil beweisen zu können. Meist steckt auch ein unbewusstes Verlangen dahinter, aus der negativen Rolle auszubrechen – aus der Rolle desjenigen, der von dem Menschen, den er liebt, geschlagen wird. Oder aus der Rolle desjenigen, dem man keine Gefühle zeigt – hinein in die Rolle des Menschen, dem man gerne Gefühle zeigen will. Und sobald diese frühere Rolle verlassen und eine neue Rolle eingenommen wird, sollte auch der Beziehungspartner in eine neue Rolle finden. Denn von dem Moment an merkt ja der Partner, dass er nicht mehr autoritär oder gefühlskalt sein kann. Dieses Verhalten stößt beim Gegenüber einfach nicht mehr auf Resonanz. Wenn also der Beziehungspartner nicht auch seine Rolle verändert, zerbricht in den meisten Fällen die Beziehung. Die Beziehung gleicht dann zwei ineinander verkeilten Zahnrädern, die erst wieder ineinandergreifen können, wenn beide Partner ihre Rolle positiv verändern konnten.

Bei mir war es so, dass ich erst dann aus meiner Rolle ausbrechen konnte, als ich einem Menschen, den ich eigentlich mochte, davonlief, noch bevor er es tun konnte. Somit löste ich mich von der Rolle des Menschen, dem man davonläuft, wenn er einen liebt. Und ich brach auch aus meiner Rolle aus, als ich die Menschen, die ich mochte, die aber in Versuchung kamen, mich auszuschließen, selbst aus meinem Leben ausschloss. Es fühlte sich so unglaublich gut an, auf das innere Gefühl hören zu können. Oder als mir diejenigen ehemaligen Schüler aus meiner Grundschule, die mich gemobbt hatten, plötzlich über Facebook eine Freundschaftsanfrage geschickt hatten und ich voller Stolz auf „ablehnen" klicken konnte.

143

Kaum haben wir uns von diesen alten Verhaltensmustern befreit, sind wir bereit für eine ganz neue Rolle, die es uns ermöglicht, neue, wunderbare Erfahrungen zu sammeln.

Wenn wir merken, dass wir auf dem Weg zu dieser neuen Rolle sind, so ist das schon eine großartige erste Erkenntnis. Doch ist es auch wichtig, dass wir uns bewusst damit befassen, diese unerwünschten alten Verhaltensmuster hinter uns lassen zu dürfen. Um diesen Übergang zu einer neuen Verhaltensweise zu beschleunigen, sollten wir uns bewusst werden, in welcher unerwünschten Rolle wir uns derzeit befinden und in welche neue Rolle wir gelangen möchten. Sobald wir wissen, wie diese ausschaut, sollten wir unserem Beziehungspartner immer wieder kommunizieren, dass wir eigentlich ein Mensch mit anderen Eigenschaften sind. Ideal wäre dies mittels eines gezielten Satzes, der die neue Rolle klar definiert. Eine mögliche Auswahl an Sätzen könnten die folgenden darstellen:

Ich bin es wert, dass man mir Gefühle zeigt.

- Ich bin ein Mensch, mit dem man über alles sprechen kann.
- Ich bin ein Mensch, zu dem man dazugehören will.
- Ich bin ein Mensch, der mitbestimmt und wichtige Entscheidungen trifft.
- Ich bin ein Mensch, zu dem man Sorge trägt.
- Ich bin ein Mensch, dem man zuhören will, weil man auf diese Weise so viel Gutes mitbekommt.
- Ich bin ein Mensch, mit dem man Großes bewirken kann.
- Ich bin es wert, dass man mich anhört.

Auf diese Weise können auch ganz eigene, hier nicht aufgeführte Sätze formuliert werden. Wichtig jedoch ist, wenn man einen solchen Satz bildet, dass der Satz keine Negation - also keine Verneinung - beinhaltet, da wir davon ausgehen, dass unser Unterbewusstsein verneinende Sätze nicht optimal umsetzen kann.

Wenn wir unseren Satz unserem Beziehungspartner immer und immer wieder mitteilen - natürlich auf keine allzu offensichtliche Art und Weise, sondern ganz dezent -, so haben wir dadurch den Mehrwert, dass uns unser Gegenüber auf einmal ganz anders begegnet, und zugleich den Vorteil, dass wir unser Unterbewusstsein positiv prägen. Jedes Mal, wenn wir unseren Satz formulieren, hört dies auch unser Unterbewusstsein, welches sich davon positiv beeinflussen lässt. Es wäre also nicht verwunderlich, wenn sich unsere Rolle nach und nach verändern und wir plötzlich in unserer Beziehung viel mehr positive Aspekte gewinnen würden.

Von den Horizontalen und den Vertikalen

Mit unserem Partner dieselbe Energie und dieselbe Ebene zu teilen, ist eine unglaublich bereichernde Erfahrung. Denn sobald man dieselbe Schwingung hat, kann man sich gegenseitig zu einem höheren Ziel aufschwingen. Man versteht sich einfach richtig gut, zieht an einem Strang und kommt so gemeinsam auf eine höhere Schwingungsebene, die für alle rundherum fühlbar ist. Ein wunderbares Erlebnis, das beispielsweise alle diejenigen kennen, die in einem Orchester spielen, in dem alle Instrumente aufeinander abgestimmt sind. Oder Sportler im Mannschaftssport, wo man – wie man so schön sagt – ein eingespieltes Team sein sollte. Diese wunderbare Energie kann Mannschaften zum größten Erfolg führen. Viele kennen diese Fähigkeit, sich durch die Energie in eine andere Schwingung zu versetzen, aber auch von ihrer negativen Seite, wenn ein Gespräch eigentlich ruhig beginnt, sich aber durch Spannung zu einem Streit hochschaukelt. Auch dort wäre im Grunde das Hochschwingen ein fantastisches Zeichen der tiefen Verbundenheit, nur mit dem Unterschied, dass das Ziel verfehlt wird und man statt in der Produktivität und Harmonie letztendlich im Streit endet.

Man kann festhalten, dass dazu nur Menschen in der Lage sind, die die Fähigkeit besitzen, auf Augenhöhe zu kommunizieren. Sie können mit anderen mitschwingen. Sie weisen mit dem Gegenüber eine niedrigere oder eine höhere Energie auf, wie die Illustration unten verdeutlicht. Diese Menschen sind Begleiter. Sie sind zu konstruktiven Bündnissen fähig, können empathisch auf das Gegenüber eingehen und es verstehen und so mit anderen im Takt bleiben. Ich nenne sie die Horizontalen: Weil sie stets ambitioniert sind, horizontal zu kommunizieren, das heißt auf derselben Ebene.

Jedoch gibt es auch die anderen, die Vertikalen. Diese Menschen haben die Eigenschaft, primär vertikal zu kommunizieren: Sie haben es sich angeeignet, von oben herab oder von unten herauf zu reden. Sie lassen sich entweder herumkommandieren oder kommandieren andere herum. Unbewusst läuft in ihnen eine Art Programm ab, das sie in allen Situationen abwägen lässt, ob sie den Ton anzugeben oder zu gehorchen haben. Diese Menschen zeigen, zum Beispiel als Kunden in einem Geschäft, dass sie als Verbraucher Rechte haben und privilegiert behandelt werden wollen. Sie genießen es, in solchen Situationen zu bestimmen. Viele Arbeitgeber sind daher Vertikale.

Vertikale können nur schwer auf Augenhöhe kommunizieren, dafür aber beide vertikalen Ebenen einnehmen. Zwischen diesen beiden Ebenen können sie rasch wechseln, je nachdem, wer ihr Gegenüber ist. Dies zeichnet die Vertikalen aus: Entweder führen sie oder sie lassen sich führen. Beide Rollen nehmen sie konsequent und ohne Widerspruch ein.

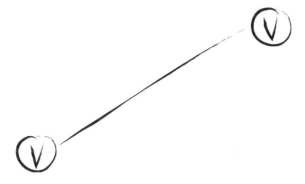

Als Gegenüber eines Vertikalen muss man entweder die Rolle des Führenden oder des Geführten einnehmen. Wenn du Vertikale kennenlernst, analysieren sie dich sehr intensiv, vielleicht eher unbewusst als bewusst. Sie klären dabei sogleich ab, welche der beiden Rollen sie dir gegenüber einnehmen müssen. Während dieser Kennenlernphase sollten wir uns entscheiden, ob wir uns von den Vertikalen führen lassen oder ob wir in ihrer Anwesenheit den Ton angeben wollen. Das ist vergleichbar mit dem Verwenden eines Klebstoffs: Solange der Klebstoff noch flüssig ist, kannst du die miteinander verbundenen Elemente, die du zusammenkleben möchtest, noch schieben und bewegen. Weil du dir dessen bewusst bist, dass dein Gegenüber entweder ein Horizontaler oder ein Vertikaler ist, bist du ihm einen Schritt voraus. Du weißt, dass du bei Vertikalen bestimmst, ob du in der übergeordneten oder in der untergeordneten Position bist.

Wenn du merkst, dass du durch dein vertikales Gegenüber in die Rolle desjenigen versetzt wirst, über den man bestimmen kann, solltest du möglichst rasch deine Rolle ändern. Sprich einfach etwas bestimmter, um deinem Gegenüber zu verdeutlichen, dass nicht es über dich verfügen kann, sondern nur du selbst. Im besten Falle sprichst du rund 15 Prozent lauter als gewöhnlich, aber mit vielen schönen Emotionen. Die lautere Stimme gibt den Vertikalen das Gefühl, dass du mehr Raum einnimmst. Es ist ein natürliches Phänomen, dass wir, wenn wir Macht demonstrieren wollen, mit allen Mitteln versuchen, Raum einzunehmen. So auch mit der Stimme. Die Natur zeigt es uns ganz klar auf: Der Hund bellt, um akustisch Raum einzunehmen. Der Bär stellt sich auf die Hinterbeine, bäumt sich auf und brüllt ganz laut. Er versucht sich so groß wie möglich zu machen und so viel Raum wie möglich einzunehmen. Der Pfau breitet seinen Federfächer aus, um zu zeigen, wie stattlich er ist. Und der Kugelfisch bläst sich auf, um groß und mächtig zu wirken. Auch wir Menschen tun das: Wenn wir streiten, werden wir lauter, bis wir letztlich schreien um zu zeigen, wie mächtig wir sind und wie viel Raum wir einnehmen können. Dann werfen wir vielleicht sogar Teller und Tassen umher, um zu zeigen, dass unser Raum von dort aus, wo wir stehen, bis dorthin ragt, wo die Tasse an der Wand zerschellte. Würden wir nun aber während der Kennenlernphase im Gespräch mit einem Vertikalen zu schreien beginnen, so würde dieser verstehen, dass wir in den Angriffsmodus gehen, und dasselbe tun. Deshalb erheben wir unser Stimmvolumen lediglich um 15 Prozent, sprechen aber in der gleichen Art weiter wie bisher, um seinem Unterbewusstsein zu verdeutlichen, dass wir eigentlich sehr kraftvoll sind und viel

Raum einnehmen können. Das Unterbewusstsein des Vertikalen registriert dann, dass du kraftvoll bist, sein Bewusstsein aber nimmt es noch nicht als Streitgespräch wahr.

Nutze die Kennenlernphase, um festzulegen, in welcher Rolle du sein möchtest. Du brauchst wirklich keine Hemmungen zu haben, etwas bestimmter zu sprechen, um zu signalisieren, dass du den Ton angeben willst. Denn die Vertikalen sind, wenn du ihnen signalisierst, dass du bereits die Rolle des Bestimmenden eingenommen hast, absolut dazu bereit, dir diese Rolle zu gewähren.

Allein das Bewusstsein über diese Rollen verschafft dir einen Vorsprung gegenüber deinem Kommunikationspartner. Du erhältst Raum, zu bestimmen, in welcher Position du sein möchtest. Wenn du deine Rolle in dieser Kennenlernphase bewusst einnimmst, wird sie dir lang anhaltend gewährt werden. Andernfalls wird es schwierig werden, die Rolle nochmals zu ändern, wenn sie erst einmal eingenommen und gefestigt ist. Es ist wie mit dem Klebstoff: Ist er bereits ausgehärtet, zerbricht das, was du zusammengeklebt hast, wenn du versuchst, es noch einmal zu verschieben.

Vergebung in der Beziehung

Langlebige Beziehungen gehen durch Höhen und Tiefen, durch dick und dünn, ohne Ausnahme. In jeder soliden und tiefen Beziehung gibt es Uneinigkeiten, Streit und Versöhnung. Diese Prozesse durchzustehen, ist ein wichtiges Kernelement von guten Beziehungen. Durch sie entsteht Vertrauen in die Beziehung. Vertrauen, dass die Beziehung nicht gleich zusammenbricht wie ein Kartenhaus, sondern einigen Widerstand aushalten kann. Und um diese Stabilität in der Beziehung zu erreichen, ist die Fähigkeit, dem Partner zu vergeben, eine essenzielle Grundbedingung. Wer keine Fehler vergeben kann, der kann wohl kaum dann Mut schöpfen, wenn die Beziehung ins Wanken gerät. Genau in diesen Momenten ist es von größter Bedeutung, dass beide Beziehungspartner wieder zurück zur Basis finden – zur Liebe – und nicht noch auf einem schwankenden Schiff herumtoben, wenn sowieso bereits ein Sturm wütet. Denn genau dann müssten wir in Kauf nehmen, dass das Schiff zu kentern droht.

Das Wort „vergeben" leitet sich vom althochdeutschen Wort „fargeban" für „geben" und von dem mittelhochdeutschen Wort „vergëben" für „schenken" ab. Wenn man also jemandem vergibt, dann „schenkt" man dieser Person einen Fehler. Denn wenn wir ehrlich zu uns selbst sind, dann müssen wir uns eingestehen, auch schon Fehler gemacht zu haben. Wobei sich die Frage stellt, ab wann man eigentlich von einem Fehler sprechen kann. Ein Fehler existiert nur dann, wenn jemand die Gegebenheit als einen solchen definiert. Fehler sind folglich subjektiv. Für uns gilt ein Verhalten als Fehler, weil wir in dem Bereich, in dem der Fehler stattfand, besonders entwickelt sind. Andere wiederum sehen in einem spezifischen Verhalten von uns Fehler, weil sie sich in diesem einen besonderen Bereich als weiter entwickelt betrachten.

Stellen wir uns unseren Entwicklungsstatus in Form eines Balkendiagramms vor, einer Statistik, die aufzeigt, wer in welchen Bereichen wie weit entwickelt ist. Schauen wir uns einmal die Bereiche soziale Kompetenz, Ehrlichkeit, Streit und Disziplin an, so könnte doch eine mögliche Darstellung unserer geistigen Entwicklung in den unterschiedlichen Bereichen wie folgt neben der des Partners aussehen:

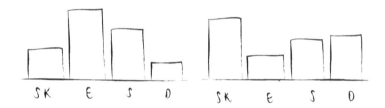

Beispiel: Unsere geistige Entwicklung in Soziale Kompetenz (SK), Ehrlichkeit (E), Streit (S), Disziplin (D) im Vergleich zur geistigen Entwicklung des Beziehungspartners

Wenn wir die beiden Diagramme genauer betrachten, dann erkennen wir, dass wir beispielsweise geistig weiter entwickelt sind, was den Bereich der Ehrlichkeit anbelangt. Dies vielleicht, weil wir in unserer Kindheit die Möglichkeit hatten, zur Ehrlichkeit zu stehen, ohne gleich ein paar hinter die Löffel zu kriegen. Unser Partner hingegen durfte vielleicht, als er klein war, nur selten die Wahrheit sagen, weil er dafür bestraft wurde. Diese Erfahrungswerte beeinflussen unsere geistige Entwicklung in den unterschiedlichen Bereichen. Es ist eher unwichtig, wer in welchen Bereichen wie weit geistig entwickelt ist, sondern viel wichtiger ist, dass wir einsehen, dass alle Balken zusammengezählt auf beiden Seiten jeweils hundert Prozent ergeben. Die Tatsache, dass unser Partner vielleicht irgendwo noch nicht so weit ist wie wir, heißt nur, dass er dafür woanders wesentlich weiter ist, als wir es sind. Dies verdeutlicht uns, dass wir alle okay sind, so wie wir sind. Und dass die Beziehung eben die optimale Plattform ist, um sich weiterzuentwickeln und sich gegenseitig dabei behilflich zu sein, die Defizite auszubauen, sodass wir letztendlich gleich hohe Potenziale aufweisen. Denn genau der Unterschied, den die Balken zeigen, begründet unser Streitpotenzial. Es ist die Diskrepanz, die uns in Fettnäpfchen treten lässt. Es ist der Unterschied, den unser Unterbewusstsein beim Gegenüber wahrnimmt und der sich in den Gegebenheiten äußert, die wir letztlich als „Fehler" bezeichnen.

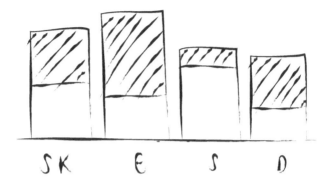

Diskrepanzen stellen Streitpotenzial dar.

Wenn wir uns hingegen gegenseitig pushen, sodass wir letztendlich gleich hohe Balken aufweisen, dann ist auch das Streitrisiko
gleich null. Denn wie will man streiten, wenn das Gegenüber genauso tickt wie wir und wir uns gegenseitig wunderbar verstehen
können?

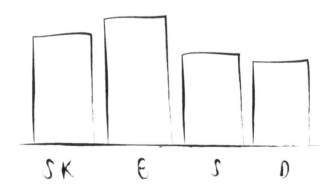

Ausschöpfen des gemeinsamen Potenzials

Um dieses gegenseitige Verständnis zu stärken, ist es hilfreich, die Fähigkeit der Vergebung auszubauen. Mit dieser Fähigkeit wurden wir alle geboren. Sie lässt sich ganz einfach reaktivieren, wann immer wir dies möchten. Natürlich müssen wir sie nicht reaktivieren, wenn das Gegenüber einen Fehler außerhalb unseres ethischen oder moralischen Toleranzbereiches macht; gewisse Fehler können auch charakterliche Strukturen verdeutlichen, die uns auf einmal von dem anderen entfremden.

Vergebung soll also dort stattfinden, wo das Herz noch schlägt und wo wir durch Verletzungen oder Enttäuschungen vom Weg der Liebe abgekommen zu sein scheinen. Die Vergebung ist vergleichbar mit den Leitplanken auf unserem Weg der Liebe. Durch sie finden wir zurück auf den Weg, sie ermöglichen es uns, unserem Gegenüber Fehler nachzusehen. Denn jedem sollte eine gewisse Anzahl von Fehlern zugestanden werden.

Um dem Gegenüber einfacher vergeben zu können, hilft uns eine unkomplizierte geistige Vorstellungstechnik, die wir am besten mit geschlossenen Augen durchführen, beispielsweise abends vor dem Einschlafen. Wenn du neben deinem Partner im Bett liegst und diese Technik anwendest, wirst du ihn vor dem Einschlafen in einer tiefen Reinheit in den Arm nehmen und so einschlafen wollen. Diese Technik berührt dein Herz und deine Seele.

Mach dir dafür einfach einen „Fehler" deines Gegenübers bewusst. Ein Fehlverhalten, das dich enttäuscht oder vielleicht sogar verletzt hat. Dann gehe mit geschlossenen Augen zurück in die Vergangenheit deines Partners, in seine Kindheit. Versuche zu erkennen, was ihn verletzt oder enttäuscht haben könnte, als er ganz klein war, ein Kind. Erkenne die Hilflosigkeit deines Partners als Kind. Wenn du es dir nicht gut vorstellen kannst, so versuche dir in der Fantasie ein Bild davon zu machen, wie es bei dem Partner hätte sein können, als er ein Kind war. Was könnte ihn damals enttäuscht oder verletzt haben? Nimm dieses kleine hilflose, enttäuschte oder verletzte Kind in den Arm. Begreife, weshalb dein Partner heute diesen Fehler gemacht hat, abgeleitet von seiner Enttäuschung in der Kindheit. Wenn du in Zukunft dieses kleine Kind immer und immer wieder in dein Bewusstsein rufst, wird es dir leichter fallen, gewisse Fehler zu vergeben. Vielleicht nicht sofort - aber vermehrt im Nachhinein.

Wenn wir uns nämlich aneignen, nicht nur die Momentaufnahme zu sehen - den Fehler, wie er nun mal besteht -, sondern versuchen, die ganze Geschichte zu erfassen, die Geschichte vom kleinen verletzten und enttäuschten Kind bis hin zum erwachsenen Menschen, dann können wir auch viel besser die Macken und das Fehlverhalten des Gegenübers verstehen. Vielleicht können wir es nicht akzeptieren, aber zumindest verstehen. Und dieses Verständnis ermöglicht es uns, eine innere Ruhe zu finden, die alles Negative einfach so im Nu verschwinden lässt.

Vergebungsübung:

1. Mach dir mit geschlossenen Augen einen Fehler deines Partners bewusst.

2. Stelle dir dessen Kindheit vor und erkenne sein kleines Ich, wie und weshalb es wohl als Kind verletzt und enttäuscht worden war.

3. Nimm dieses kleine Kind in den Arm.

4. Erkenne die Zusammenhänge zu seinem gegenwärtigen „Fehlverhalten".

Kompensation

Das wohl natürlichste Ventil um negative Gefühle selbstständig ausgleichen zu können, nennt sich psychologische Kompensation. Nach dem Schweizer Psychoanalytiker Carl Gustav Jung bezeichnet Kompensation einen psychischen Ausgleich. Der deutsche Arzt und Begründer der Individualpsychologie Alfred Adler definiert Kompensation als einen Ausgleich des eigenen Minderwertigkeitsgefühls.

Einig ist man sich darin, dass ein kompensierendes Verhalten etwas auszugleichen versucht. Und wo wir ein Gegengewicht suchen, befinden wir uns eben nicht im Gleichgewicht. Wenn wir dies auf unser Beziehungsleben übertragen, so stellen wir fest, dass wir in Beziehungen gewisse Verhaltensweisen an den Tag legen, mit denen wir womöglich andere Menschen seelisch verletzen, diese Verhaltensweisen uns aber das Gefühl geben, die Gerechtigkeit oder die eigenen Emotionen wieder ausgeglichen zu haben. Konkret bedeutet dies, dass wir beispielsweise dann, wenn etwas nicht so läuft, wie wir es gerne hätten, umso mehr die Kontrolle dafür woanders suchen, um das Kontrollbedürfnis wieder etwas auszugleichen.

Der Moraltheoretiker und Psychologe Lawrence Kohlberg geht davon aus, dass wir im Alter von ungefähr fünf Jahren die Stufe der Moral durchlaufen, die uns die Einstellung gibt: „Wie du mir, so ich dir." Auf dieser Stufe werden Fairness und Gerechtigkeit erlernt und ihnen viel Raum gegeben. Das heißt, dass wir in diesem Alter jemandem etwas Gutes tun, wenn dieser uns zuvor auch etwas Gutes getan hat. Und umgekehrt: Wenn wir beispielsweise von jemandem in unserem Alter geschlagen werden, schlagen wir zurück, damit es wieder ausgeglichen ist. Wir lernten also in diesem Alter, das Gute wie das Schlechte auszugleichen. Mit ungefähr fünf Jahren verstehen wir also auf einmal gewisse Zusammenhänge. Es ist ein hochsensibles Alter, in dem wir zwar sehr positiv geprägt werden, aber leider auch negative Erfahrungen plötzlich im Zusammenhang sehen. Diese Erfahrungen werden langfristig abgespeichert; leider eben auch die negativen.

Wenn ich als Hypnosetherapeut in meiner Praxis meine Klienten zurückführe zum Ursprung einer negativen Erfahrung, gelangen wir in den allermeisten Fällen in ein Alter von rund vier bis sechs Jahren.

Wenn wir uns nun in unserer Beziehung vom Partner verletzt fühlen, so fühlt sich unser Unterbewusstsein schlagartig zurückversetzt in das Alter von rund fünf Jahren. Und da wir uns unbewusst zurückversetzt fühlen, ist unser Unterbewusstsein schon so sehr in dem damaligen Gefühl, dass unser Gehirn gar nicht anders kann, als auch die damals erlernten Prozesse zu aktivieren – so wie den Prozess des Ausgleichs, der Kompensation: „Wie du mir, so ich dir."

Wenn wir uns also im Alter von rund fünf Jahren alleingelassen fühlten – beispielsweise von unseren Eltern –, so wurde diese Erfahrung in unserem Unterbewusstsein gespeichert. Wenn wir dann als Erwachsene von unserem Partner in einer bestimmten Situation alleingelassen werden, erinnert sich unser Unterbewusstsein an diese negative frühe Erfahrung. Dasselbe Gefühl kommt wieder hoch: das Gefühl, im Stich gelassen zu werden. Das Gefühl, nicht wichtig genug zu sein. Unser Unterbewusstsein glaubt, wieder fünfjährig zu sein. Dementsprechend verhalten wir uns: Wir zahlen das Erlebnis unserem Partner mit gleicher Münze heim und lassen ihn auch absichtlich im Stich oder verdeutlichen ihm, dass er uns nicht genügen kann. Wir wischen uns gegenseitig eins aus. Unsere Psyche versucht so, die Verletzung oder die Enttäuschung auszugleichen. Als ob wir uns gegenseitig Punkte für Ungerechtigkeiten abziehen würden und nur dann Gerechtigkeit bestünde, wenn beide einen gleich hohen Punktestand aufweisen. Und vom Partner im Stich gelassen zu werden fühlt sich an wie minus 15 Punkte. Folglich müssen wir dem Partner auch 15 Punkte nehmen, indem wir ihn ebenfalls im Stich lassen. Damit er fühlen kann, wie sehr es schmerzt. Eigentlich ein Verhalten, das nicht zu erwachsenen und vernünftigen Menschen passt – und dennoch sind wir alle nicht vor der Reaktivierung dieses sehr alten, kindlichen Programms in uns geschützt. Dem amerikanischen Entwicklungspsychologen Lawrence Kohlberg zufolge entspricht dieses Programm der Stufe zwei von insgesamt sieben Stufen; es befindet sich also auf einer sehr unvernünftigen und kindlichen Stufe. Hierzu zählen auch Beziehungspartner, die, wenn ihr Partner fremdgeht, zwar in der Beziehung bleiben wollen, jedoch glauben, auch fremdgehen zu müssen, damit der Schmerz wieder mit dem Gegenschmerz des Partners neutralisiert wird.

Wenn wir aber das Phänomen des Kompensierens aus der Sicht des Minderwertigkeitsgefühls betrachten, wie Alfred Adler es definierte, entsteht auf einmal ein ganz anderes Verständnis. Denn wenn sich unser Partner, beispielsweise ausgelöst von einem Verhalten von uns, minderwertig fühlt, so kann es sein, dass dieser – je nach Persönlichkeit – damit nicht umgehen zu können glaubt. Er geht davon aus, dass unser Verhalten nicht mit seinen eigenen Werten vereinbar ist, und will die Beziehung beenden. Damit er aber sich selbst die Erlaubnis geben kann, in der Beziehung zu bleiben, greift er zu einem kompensierenden Verhalten: Er tut ebenfalls etwas Verletzendes. Damit kann er seinem Unterbewusstsein signalisieren: „Ach komm, auch wenn mich sehr verletzt hat, was er getan hat, so ist das ja nicht schlimm, denn ich habe ja selbst auch etwas Schlimmes getan." Es ist ein unbewusstes Verlangen, mit dem Partner quitt sein zu wollen. Und das Gefühl, quitt zu sein, legitimiert, die Beziehung aufrechtzuerhalten. Es ist eine Form, den eigenen Schmerz zu verarbeiten, auch wenn es paradox zu sein scheint.

Für viele noch unbegreiflicher ist, dass manche bereits im Voraus mit ihrem Gegenüber quitt sein möchten. Die Vorstellung, in einer Täuschung zu leben – dass beispielsweise der Freund fremdgehen und dies erst Monate später in einem klärenden Gespräch gestehen könnte –, ist für viele so verletzend, dass sie, um dieser tiefen Verletzung vorzubeugen, etwas Verletzendes tun, noch bevor die Tat des Gegenübers überhaupt gestanden werden konnte. Vielleicht sogar, bevor sie überhaupt vom Gegenüber begangen wurde. Dadurch glaubt er, einen Schritt voraus und nicht mehr so tief verletzbar zu sein im Falle eines enttäuschenden Geständnisses. Er meint, dadurch den Druck ausgleichen zu können.

Diese Erklärung scheint verständlich zu sein – und dennoch

entspricht ein derart kompensierendes Verhalten dem eines fünfjährigen Kindes. Erwachsene Menschen sollten in Beziehungen miteinander sprechen, sich mitteilen können. So wie die Ausschreibung für eine Arbeitsstelle gewisse Anforderungen an die Bewerber stellt, dürfen auch wir in Beziehungen die Anforderung an unsere Partner stellen, dass wir miteinander kommunizieren können. Man sollte über die eigenen Ängste sprechen können. Wenn man als Partner merkt, dass man das in der Beziehung nicht gut kann, weil man Angst hat, verletzt zu werden, dann sollte man vernünftig genug sein, entweder alleinstehend zu bleiben oder eine Therapie zu beginnen. Eine derartige Angst vor dem Sprechen kann ja nur aus eigenen Prägungen entstehen. Man kann mittels Therapie lernen, mit vergangenen Prägungen aus der Kindheit und Jugend so umzugehen, dass man in der Beziehung wieder viel freier und offener miteinander kommunizieren kann. Denn das Wort „Therapeut" kommt vom griechischen Wort „therapon" für Gefährte und Diener. Therapeuten dienen uns und sind unsere Weggefährten. Jeder Mensch sollte eine Therapie machen. Eine Therapie ist das Vorgehen, den Geist zu reinigen und aufzubauen. Es ist eine Art Tuning des Geistes. So wie man zum Sport oder ins Fitnesscenter geht, um den Körper fit zu machen, geht man zur Therapie, um den Geist auf Erfolg zu programmieren. Aus diesem Grunde ist die Hypnosetherapie ein so kraftvolles Werkzeug, weil sie nicht nur mit dem Bewusstsein, sondern vor allem mit den unbewussten Inhalten arbeitet.

Wenn man innerhalb der Beziehung an einen Punkt gekommen ist, an dem man über alles – und damit meine ich wirklich alles – sprechen kann, fühlt sich dies äußerst befreiend an. Man weiß dann, dass man den Partner mit allem Erdenklichen konfrontieren und sich dabei stets in Sicherheit fühlen kann. Es ist die Fähigkeit, alles einfach auszusprechen, auch dann, wenn man sich vor der Reaktion des Gegenübers etwas fürchtet. Es gibt dafür so viele tolle Techniken, wie man mit dem Gegenüber über etwas sprechen kann, ohne dass man Angst verspüren muss. Stell dir vor, du ständest in einem Schwimmbad oben auf dem Fünfmeterturm und fürchtest dich, ins Wasser zu springen. Unser Bewusstsein weiß dann zwar, dass das Wasser sehr wohltuend und erfrischend sein wird und dass der Sprung sogar einen Adrenalinkick zur Folge haben wird; dass der Sprung im Nachhinein Spaß gemacht haben wird und so weiter - und dennoch fürchtet sich unser Unterbewusstsein vor dem Sprung in die Tiefe. Der Grund dafür ist, dass unser Unterbewusstsein ein ganz altes Programm in sich hat, das sagt: „Achtung, es ist sehr gefährlich, aus fünf Metern Höhe runterzuspringen!" Vergleichbar damit hat unser Unterbewusstsein - wenn wir in der Beziehung über etwas sprechen wollen - aufgrund von negativen Erfahrungen in der Vergangenheit ein Programm in sich, das sagt: „Achtung! Dem Menschen, den du liebst, etwas Verletzendes zu sagen, ist sehr gefährlich! Er könnte dich verlassen!"

Und genauso, wie wir irgendwann unser Unterbewusstsein einfach ignorieren und trotzdem vom Fünfmeterturm springen, sollten wir uns aneignen, auch einfach das auszusprechen, was uns auf der Seele liegt. Denn mit jedem Sprung vom Sprungbrett lernen wir, dass es nicht gefährlich ist - bis wir irgendwann völlig angstfrei sind, wenn wir oben stehen. Genauso werden wir plötzlich angstfrei, wenn wir etwas aussprechen wollen, das uns schwerfällt.

Diese Fähigkeit, das Kind einfach beim Namen zu nennen, wird uns nicht nur im Beziehungsleben, sondern auch in vielen weiteren Lebenslagen zugutekommen. Beispielsweise bei der Arbeit, in Freundschaften oder in der Familie. Es ist die Fähigkeit, das Herz sprechen zu lassen. Es ist eine kommunikative Reinheit, die vieles von Herzen klärt statt tarnt.

Mögliche Techniken, um den Mut aufzubringen, mit dem Gegenüber offen zu kommunizieren, möchte ich dir im Folgenden zeigen.

Gemeinsames Herantasten

Sag deinem Gegenüber, dass du mit ihm über etwas sprechen willst, was dir sehr schwerfällt. Stehe aber ganz offen dazu, dass es für dich nicht einfach ist, und bitte dein Gegenüber, sich mit dir gemeinsam daran heranzutasten. Dein Gegenüber wird dir dankbar sein, dass du überhaupt den Willen aufbringst, etwas auszusprechen, das dir nicht leichtfällt.

Beim Herantasten beginnst du ganz langsam dasjenige einzukreisen, was du dir eigentlich von der Seele reden möchtest. Du beginnst mit Belanglosem und näherst dich nach und nach dem unangenehmeren Inhalt.

Ursache: Emotion

Wenn unser Gegenüber eine bestimmte Handlung, Frage oder Aussage verstehen kann, so kann das Gespräch auch nicht mehr bedrohlich sein. Du kannst Verständnis bei deinem Gegenüber erzeugen, indem du zuallererst von deinen Gefühlen sprichst.

Sag, welche negativen Gefühle – Ängste, Sorgen, Minderwertig-keitsgefühle – du in dir verspürst. Dein Gegenüber wird diese Gefühle verstehen.

Ursache: Prägungen

Verständnis ermöglicht ganz andere Gefühle. Strebe bei deinem Gegenüber Verständnis an, indem du ihm erzählst, was dir in der Vergangenheit widerfahren ist und wie es dich geprägt hat. Dein Partner wird diese oder ähnliche Prägungen kennen und spüren, dass deine Verletzungen dafür verantwortlich sind, dass du etwas Bestimmtes nicht gut benennen oder aussprechen kannst.

Manchmal ist Reden Silber und Schweigen Gold. Denn wo das Herz regiert, braucht man nicht zu reden. Doch Ehrlichkeit ist Platin. Und ob das Nichtmitteilen einer Angelegenheit ehrlich ist oder nicht – diese Frage lasse ich so im Raum stehen.

Der Hündchen-Effekt

Die Tür meines Therapiezentrums in Bern öffnete sich und ein junges Paar trat herein. Der Therapietermin war für den Mann vorgesehen. Die Frau - hochschwanger - war sehr wütend auf ihren Freund. Dass eine Schwangerschaft aufgrund der Hormone, der neuen Situation und der zukünftigen Perspektive auch viele Ängste auslösen kann, ist völlig normal. Deshalb ist es keine Seltenheit, dass Paartherapien von Schwangeren erwünscht werden, noch bevor das Kind das Licht der Welt erblickt.

Grund für die erwünschte Sitzung war eine - wie die Frau es bezeichnete - „krankhafte Sexsucht" ihres Freundes. Als die Sitzung begann, regte sie sich immer wieder über ihren Freund auf, bezeichnete ihn als krank und wiederholte mehrfach: „Mein Kind wächst ohne Vater auf!" Ich versuchte sie zu beruhigen, weil ich Angst hatte, dass beim nächsten Aufschreien ihre Fruchtblase platzen könnte.

Als ich fragte, was denn eigentlich vorgefallen sei, erzählte sie mir die Geschichte. Sie hatten vor ihrer Schwangerschaft eine erlebnisreiche Beziehung, bis sie dienstlich verreisen musste. Er hatte einen Bürojob und blieb in der Schweiz, während sie für zwei Wochen geschäftlich in Deutschland unterwegs war.

171

Während dieser Zeit hatte sie eine sexuelle Begegnung mit einem früheren Sexualpartner aus Deutschland, den sie schon länger kannte als ihren Freund. Er hingegen hatte in der Schweiz zwar keine sexuellen Begegnungen, jedoch schaute er sich derweil Pornos an.

Als sie von ihrer Dienstreise zurückkam, verschwiegen die beiden einander ihre „sexuellen Beschäftigungen" während dieser zwei Wochen. Sie hatten nach ihrer Rückkehr eine innige Nacht, in der sie schwanger wurde.

Nach dieser Nacht jedoch sprachen sie sich aus. Sie gestand, dass sie ein sexuelles Verhältnis mit einem ihrer früheren Sexualpartner gehabt hatte. Und er gestand, dass er sich Pornos angeschaut hatte. Dies war die Ausgangslage für den Riesenstreit. Sie war der Meinung, ihr Freund sei nicht normal. Plötzlich sei ihr aufgefallen, dass er überall Frauen anschaue. Das sei auch der Grund, weshalb er Pornos geguckt habe – weil er eigentlich am liebsten mit anderen Frauen Sex hätte, aber nicht den Mut habe, es wirklich zu tun, und sich deshalb bloß an Pornos aufheize. Für sie sei dieses Verhalten feige und nicht ehrlich. Es wäre ehrlicher gewesen, wenn er mit einer anderen Frau ins Bett gegangen wäre. Dann hätte sie es als eine Tat auffassen können, die ehrliche Bedürfnisse und ihre Umsetzungen beinhalte. So aber sei ihr nun bestätigt, dass er insgeheim viele Fantasien mit anderen Frauen habe, diese aber nicht auslebe, obschon er dies wolle.

Ich teilte ihnen mit, dass ich gerne mit beiden einzeln sprechen wolle. So hatte ich zuerst ein Gespräch mit ihm. Er erzählte: „Es geht so weit, dass ich, wenn ich vor einer Ampel stehe, auf mein Lenkrad sehe, wenn meine Freundin auf dem

Beifahrersitz sitzt. Ich habe Angst, dass irgendwo eine Frau auf der Straße in mein Sichtfeld geraten könnte."

So begann er, all die risikoreichen Orte in seinem Leben zu meiden. Er ließ seine Freundin seine Zigaretten beim Kiosk kaufen, da dort ja Magazine ausliegen könnten, auf denen nackte Frauen zu sehen waren. Tag für Tag gab es nur noch ein einziges Problem in seinem Kopf: attraktive Frauen. Wenn er mit seiner Freundin gemeinsam fernsah, war eine ständige Angst in seinem Unterbewusstsein: dass irgendwo im Film plötzlich eine leicht bekleidete Frau zu sehen sein könnte. Er mied Filme, die Szenen am Strand beinhalteten, und versuchte zu erahnen, wann wohl eine Szene im Film kommen könnte, in der die Protagonisten dem Liebesakt verfielen, sodass er noch rechtzeitig aufstehen und „zufällig auf die Toilette" gehen konnte, bevor es im Film zur Sache ging. Denn sobald sie sah, dass eine attraktive, leicht bekleidete Frau in seinem Sichtfeld war - oder vielleicht sogar eine Frau mitten im sexuellen Akt -, so war die Hölle los. Dann musste er sich rechtfertigen, weshalb sein Blick auf dieser Frau lag - und weshalb sogar genau auf ihren Brüsten. Selbst dann, wenn er absichtlich versuchte, nicht auf die Brüste zu schauen, musste er ja die Brüste zuerst lokalisieren, um bewusst woandershin gucken zu können. Sie hatte seinen Blick voll im Visier. Sie hatte ihn auch voll im Griff. Sie konnte unterscheiden zwischen einem Blick, der auf das Gesicht des Gegenübers gerichtet war, und einem Blick, der die Brüste des Gegenübers fokussierte.

Als ich ihn fragte, woher denn diese tiefe Angst komme - denn seine Handlung alleine war ja nicht die Ursache für diese immense Angst von ihr, nicht zu genügen -, teilte er mir mit, dass sie als Kind adoptiert und in der Familie, von der sie sich ein Zuhause und eine Geborgenheit erhofft hatte, misshandelt worden war.

Ich versuchte ihm zu erklären, dass ihr Unterbewusstsein die Angst, nicht zu genügen, bereits von damals kenne. Dass durch Trigger ihre seinerzeit abgespeicherte Angst verstärkt werde. Die Angst, nicht schön genug zu sein; die Angst, dass der Mensch, den sie liebt, sich für eine „Bessere" entscheidet und man sie wieder „weghaben" will, wie damals, als sie zur Adoption freigegeben wurde. Ich verdeutlichte ihm auch, dass ihr Lügen deshalb extrem zu schaffen machen, weil man diesen „geheimen" Gedanken hatte, sie zur Adoption freizugeben. So hatte sie sich angeeignet, die Lügen der Menschen erkennen zu wollen. Und wo man sie belog, fühlte sie sich nicht geliebt. Ihm leuchtete dies ein. Und er fragte mich, wie er ihr beweisen könne, dass sie die Einzige für ihn sei. Ich antwortete: „Sprechen. Reden. Du sprichst nicht, du schweigst. Während sie vorhin dasaß und all dies sagte, hast du kein einziges Wort gesprochen. Und wer nicht spricht – so meint sie –, der hat Angst, die Wahrheit zu sagen. Doch der wahre Grund, weshalb du nicht sprichst, ist, dass du Angst hast, etwas falsch zu machen. Denn auch du hast deine Verletzungen, um die dein Unterbewusstsein nun einen weiten Bogen zu machen versucht. In der Hoffnung, nie mehr spüren zu müssen, wie unangenehm es sich anfühlt, wenn dich jemand nicht mag. So wie beispielsweise in der Schule, wenn man ausgegrenzt wurde.

Doch deine Freundin ist sehr extrovertiert. Sie kann sich sehr gut artikulieren, weil sie darin keine so schlechten Erfahrungen gemacht hat. Du hingegen könntest darin noch mehr Sicherheit erlangen, einfach das sagen zu können, wonach dir ist, und die

Gewissheit zu haben, immer noch geliebt zu werden – auch dann, wenn du mal etwas sagst, was dein Gegenüber nicht so besonders toll findet. Also sag ihr, dass du sie liebst. Sag ihr, wie sehr sie dir gefällt. Und sei mutig, es auch dann zu sagen, wenn sie dir nicht dasselbe zurückgibt. Sie kann es dir eben nicht zurückgeben, weil sie zu dem Zeitpunkt zu sehr in ihrem Schmerz ist. Weil sie Angst hat, zu glauben. Weil sie Angst hat, dass ihr Vertrauen verletzt wird, sobald sie glaubt. Und sei auch mutig, es ihr zu sagen, wenn ein Streit folgen könnte. Denn ich weiß, dass du glaubst, dass ein Streit bedeutet, dass man dich nicht liebt. Deshalb hast du dir angeeignet, möglichst nichts zu sagen, weil du glaubst, dass es dann ja auch weniger Streit gibt, wenn weniger gesprochen wird. Weil du glaubst, dass Streit bedeutet, dass man nicht genügt. Doch dem ist nicht so. Bloß weil man mit dir streitet, heißt das nicht, dass man dich nicht mehr liebt. Im Gegenteil: Menschen wie deine Freundin streiten nur mit Menschen, die ihnen wichtig sind. Menschen, bei denen es sich lohnt, so viel zu investieren. Denn wo Streit ist, fühlt man sich auch getroffen. Und Menschen streiten nur dort, wo es ihnen wichtig ist, ihre Meinung kundzutun und eine Harmonie herbeizuführen. Verständnis zu erlangen. Wenn dir ein Mensch völlig egal ist, hast du auch kein Interesse, mit ihm zu streiten. Und genau dies ist bei euch nicht der Fall. Du bist ihr nicht egal. Sie liebt dich. Andernfalls wäre sie gar nicht mit dir hier." Er verstand meine Worte und fand in diesem Gespräch neue Blickwinkel. Ich sagte ihm, dass ich aber nun gerne noch mit seiner Freundin sprechen würde.

So verließ er meinen Therapieraum und seine Freundin kam herein. Mir war bewusst, dass es für die erste Sitzung nicht ihre

Erwartung war, an ihren alten Verletzungen zu arbeiten. Also wollte ich auch ihr eine neue Perspektive vermitteln. Ich fragte sie, wie das sei, wenn sie beispielsweise gemeinsam ausgingen. Ob sie glaube, seinen Blick auf andere Frauen immer mitzubekommen. Daraufhin meinte sie: „Ja, er ist sehr einfach zu durchschauen. Ich sehe immer, wie er versucht, nicht dorthin zu schauen, wo das ist, was sein Penis eigentlich sehen möchte. Und dann lügt er. Er lügt überall." Mir war bewusst, dass sie versuchte, in der Beziehung mit ihm ihre Vergangenheit und ihre alten Verletzungen zu heilen. Ich hatte nur ein Ziel: Ihr zu verdeutlichen, dass ihr Freund der Mann ist, der sie aus tiefster Ehrlichkeit liebt. Ich wollte ihrem Unterbewusstsein verständlich machen, dass die ganze Adoptionsgeschichte und die Misshandlungen nichts mit ihrer Liebesbeziehung zu tun haben, sondern dass das eine ganz weit entfernt ist vom anderen. So fragte ich sie: „Hast du ein Beispiel für diese Lügen?" Daraufhin sagte sie: „Natürlich! Ich habe Tausende von Beispielen. Vor wenigen Wochen, als wir Hand in Hand die Straße runtergingen, begegnete uns eine Frau, die wir beide schon aus der Ferne sahen. Als sie an uns vorbeiging, grüßte sie ihn sehr freundlich. Und er verstummte und grüßte nur halbwegs zurück. Ich kannte die Frau nicht. Sie ging weiter und ich fragte ihn: ‚Hattest du etwas mit ihr?' Er sagte sofort: ‚Nein.' Sie war angeblich eine alte Schulfreundin. Doch ich spürte, dass da irgendetwas gewesen war. Also fragte ich ihn immer und immer wieder. Bis er sich letztlich versprach und mir gestand, dass sie und er vor Jahren zusammen im Bett waren."

Ich fiel ihr förmlich ins Wort, denn ich hatte ihr etwas sehr, sehr Wichtiges mitzuteilen: „Ich verstehe, dass du eine tiefe

Angst in dir spürst. Angst, von dem Menschen, den du liebst, belogen zu werden. Doch ich muss dir mal etwas erklären." Just in diesem Moment warf ich ihr meinen Stift zu. Sie war nicht darauf vorbereitet, doch sie versuchte, ihn aufzufangen. Er fiel zu Boden. Sie war wie versteinert, weil sie die Welt plötzlich nicht mehr verstand. Weshalb warf ihr der Therapeut seinen Stift zu? Ich fragte: „Weshalb hast du ihn nicht aufgefangen?" Sie sagte: „Ich hatte gar keine Möglichkeit, ich war ja nicht darauf vorbereitet." Ich gab ihr recht. „Ganz genau. Dein Gehirn musste schneller schalten. Die Informationen laufen deshalb nicht über die bewussten Hirnareale, sondern über die unbewussten. Die sind schneller. Das sind die Hirnareale, die mitunter vom Affekt gesteuert werden. Wenn wir beispielsweise in Not sind, denken wir nicht mehr bewusst, sondern unsere Informationen laufen unbewusst ab. Wir handeln, ohne dass wir das Handeln zuerst eruieren. Es geschieht einfach. Genauso erging es deinem Freund, als du ihn gefragt hast, ob er mit der Frau etwas gehabt hatte. Sein Gehirn kann in solchen Situationen nicht denken, sondern tut das, was dem gemeinsamen Wohl dient, und er sagt Nein. Um sich und dich zu schonen. Das ist menschlich. Und dafür kann man niemanden verurteilen.

Auch Augenbewegungen sind normal. Du kannst nicht wissen, wohin er schaut. Denn unsere Augen schauen auch dann in unterschiedliche Richtungen, wenn wir nichts bewusst anschauen, sondern einfach nur nachdenken. Beim Nachdenken rufen wir mithilfe von unterschiedlichen Augenbewegungen Erinnerungen ab. Wie damals im Französischunterricht, als wir das gelernte Vokabular abrufen mussten und wir immer mit den Augen nach oben links oder oben rechts geschaut haben, um die Informationen einfacher wiedergeben zu können. Es kann also sein, dass dein Freund einer Frau mitten auf die Brüste schaut, aber in Gedanken überhaupt nicht bei ihren Brüsten ist. In irgendeine Richtung müssen die Augen ja schauen. Und im Grunde kann man sagen: Wenn er einer anderen Frau auf die Brüste schaut, so ist die Wahrscheinlichkeit, dass er die Brüste auch tatsächlich sieht, kleiner, als wenn er wegblickt. Denn wenn er wegblickt, dann nur, weil er die Brüste schon gesehen hat und weiß, dass er auf keinen Fall dort hinschauen sollte. Wenn er hingegen hinsieht, zeugt dies davon, dass er noch gar nicht realisiert hat, dass er gerade Brüste sehen könnte. Er ist vielmehr gerade in seiner Gedankenwelt. Denn glaub mir: Jeder Mann, der weiß, dass seine Freundin sehr eifersüchtig ist, schaut auf den Boden oder in die Luft, sobald er einen ‚gefährlichen Reiz' entdeckt hat. Das ist also die menschliche Seite.

Dann kommt aber noch eine andere Seite hinzu, über die du dir mal Gedanken machen solltest. Es ist seine Ehrlichkeit. Du glaubst, dass er lügt und dass er ein Verlangen nach anderen Frauen hat, weil er Pornografie konsumiert hat, als du auf Geschäftsreise warst. Jetzt stell dir vor, dein Freund wäre so wie du. Genau gleich. Und er hätte dieselben Gedanken wie du. Dasselbe sexuelle Verlangen. Dieselben schmutzigen Gedanken und alles, was halt sonst noch so ‚Unartiges' sein könnte. Denn am liebsten hättest du ja einen, der so ehrlich ist wie du oder am besten noch ehrlicher ist. Dann stell dir mal vor, wie du mit deinem Freund die Straße hinabgehst und er die Frau in der Ferne sieht, mit der er mal etwas hatte. Stell dir vor, wie er, solange sie noch in der Ferne ist, sagt: ‚Hey, mit der hatte ich mal etwas! Die war gut!' Stell dir vor, er würde immer und überall sagen, welche Frau er heiß findet. Wie wäre das für dich? Ist es das, was du willst?" Für einen kurzen Augenblick war Stille im Raum. Dann sagte sie: „Nein." Also fuhr ich fort: „Genau. Das würde dir nicht gefallen. Und weißt du weshalb? Weil dein Freund das Gegenteil von dir ist. Und Gegensätze ziehen sich an. Dass dein Freund kein bisschen eifersüchtig ist, zeigt dir, dass er eben gar keine so schlechten Gedanken hat. Denn würde er selbst ständig nur an Brüste und an Sex denken und würde er ausschließlich darauf fokussiert sein, so wäre das seine Realität. Und wir alle projizieren unsere innere Realität nach außen. Wir projizieren unsere Gedanken auf andere. Hätte er solch schmutzige Gedanken, würde er diese auch bei dir vermuten. Und er wäre eifersüchtig. Und würde deinen Blick kontrollieren. Weil er dann wüsste, was für schmutzige Gedanken und Bedürfnisse des Gegenübers verheimlicht werden könnten. Also dass dein Freund nicht einmal eifersüchtig wurde und dich nicht einmal gefragt hat, ob du solche Gedanken oder so ein Verlangen hast, verdeutlicht, dass es für ihn eine Selbstverständlichkeit darstellt, dass man auf solche Gedanken nicht fokussiert ist." Dann war ich still. Ich ließ diese Überlegungen auf sie wirken. Danach lehnte ich mich zu ihr nach vorn und sagte: „Mach deine Gedanken nicht zu seinen Gedanken. Es sei denn, es sind gute Gedanken." Sie nickte. Ich spürte ihre Erleichterung. Sie griff nach einem Taschentuch, das griffbereit in einer Box vor ihr auf dem Tisch lag, und sagte nichts mehr. Das verdeutlichte mir, dass etwas angekommen war. Danach beendete ich das Gespräch mit den Worten: „Und wenn du mit ihm darüber sprichst, weshalb er

sich die Pornos wirklich angeschaut hat, als du auf Geschäftsreise warst, so wirst du womöglich auch dort neue Perspektiven
erkennen können. Du musst wissen, dass es Männer gibt, die
etwas Negatives ahnen. Und um nicht zu sehr verletzt zu werden,
kompensieren sie es mit einem Verhalten, welches die Frau
nicht toll finden würde – aber mit dem Ziel, nicht so verletzt zu
sein, dass die Beziehung zu stark darunter leiden würde. Sprich
mal mit ihm darüber. Du wirst möglicherweise Neues erfahren.
Und du wirst alles in allem erkennen, dass du keine Beziehung
mit einem Hündchen möchtest. Mit einem Hündchen, das sich
alles gefallen lässt und das seine Bedürfnisse immer denen des
Herrchens unterordnet. Du möchtest eine Beziehung mit einem
Mann. Einem Mann mit Ecken und Kanten. Einem Mann, der
eigene Gedanken, Wünsche und Ideen hat." Sie verließ mehr
oder weniger wortlos meine Praxis. Wochen später erhielt ich
einen Brief von ihr. Sie hatten sich verlobt und ein Haus ge-
kauft. Eine wunderbare Geschichte, die mir verdeutlicht, welche Kraft in neuen Perspektiven steckt. Ändern wir unseren
Blickwinkel, so ändert sich alles.

Vertrauen 2.0

Das wohl größte Kapital jeder Beziehung ist Vertrauen – das Vertrauen, sich einfach geschehen lassen zu dürfen. Sich fallen lassen zu können. In dem Wissen, aufgefangen zu werden, sich geistig entwickeln zu können und so weiterzukommen. In der Beziehung die eigenen Wunden heilen lassen zu dürfen und auf der Vertrauensbasis gemeinsam ganz Großes zu bewirken. Beziehungen sind Sprengfässer. Werden sie mit dem Funken der Liebe entzündet, so ist die Sprengung wie ein Urknall, der ganz neue, wunderschöne Welten eröffnet. Doch werden die Sprengfässer mit negativen Energien wie beispielsweise Verletzungen und Lügen gefüllt, so ist die Explosion zu vergleichen mit einer Verwüstung der bisher gemeinsam erarbeiteten Welt.

Wenn einem wirklich etwas an der gemeinsamen Verbundenheit liegt, kann das Vertrauen auch dann wieder aufgebaut werden, wenn Geschehnisse oder Enttäuschungen das Vertrauen verletzt haben.

Wenn wir uns das Vertrauen als ein Haus – ein Zuhause – vorstellen, in dem wir uns geborgen fühlen, dann müssen wir das Vertrauen ebenso wieder aufbauen wie das Haus, das vom Sprengfass zerstört wurde. Wir schauen, wo am meisten Schaden entstanden ist, und beginnen, diese Stelle des Gebäudes zu rekonstruieren. Wir machen das Zuhause wieder schön. Neue

Fliesen, neuer Fußboden, neue Möbel. Und das Schöne daran ist, dass man endlich all das ändern kann, was einen zuvor sowieso schon gestört hat. Endlich eine gemütlichere Couch. Endlich einen schöneren Esstisch. Und endlich eine neue Wandfarbe. Das ist der Vorteil, wenn man Vertrauen wieder aufbaut: Es können viele Elemente noch schöner werden, als sie es vor dem Vertrauensbruch gewesen sind. Doch um Vertrauen wiederherzustellen, braucht man denselben Fleiß und Schweiß wie beim Aufbau eines eingestürzten Hauses. Wenn man es dann zustande gebracht hat, das Haus gemeinsam aufzubauen, kann man sich auf die Terrasse setzen, einen Drink genießen und stolz zurückschauen auf die sagenhaft tolle Leistung.

Doch wie baut man am schnellsten wieder Vertrauen auf? Jeder hat da gewiss eigene Techniken erarbeitet – und doch ist es von besonderer Wichtigkeit, dass man mit der bewussten Entscheidung beginnt: Ja, ich will das Vertrauen wiederherstellen. Denn diese Entscheidung ist vergleichbar mit dem Spatenstich oder dem ersten Ziegelstein, der gesetzt wird. Es ist die Entscheidung, diesen Weg nun gemeinsam zu gehen. Wichtig ist natürlich, dass der Partner dieselbe Entscheidung trifft – andernfalls verlässt man sich beim Hausbau auf einen Partner, der dann doch nie auf der Baustelle erscheint. Und wir alle kennen die Aufgaben, die man alleine nicht ausführen kann, weil man dafür eine dritte Hand benötigt. Das Ziel ist ja, dass in diesem Haus später beide leben – du und dein Beziehungspartner. Deshalb ist es auch von Bedeutung, dass ihr das Haus gemeinsam wieder aufbaut.

Nachdem beide diese bewusste Entscheidung getroffen haben, brauchen beide Partner einen neuen Kodex, um gewisse

Regeln zu festigen, die das Vertrauen wiederherstellen sollen. Beide dürfen je eine Regel erstellen, die man bis dato noch nicht hatte, die aber sofort in Kraft tritt. Eine Regel wie zum Beispiel, dass nach einem Vertrauensmissbrauch beide das Recht haben, sich zu vergewissern, dass keine heimlichen Nachrichten mit irgendwelchen Verehrern ausgetauscht werden. Für diese Regeln gibt es keine Ausnahmen und sie werden gegenseitig akzeptiert und toleriert. Wenn man die Regel des Gegenübers nicht im Geringsten gutheißen kann, sollte man sich die Frage stellen, ob man die Beziehung wirklich weiterführen möchte. Eine Regel des Gegenübers anzunehmen bedeutet, ihn verstehen zu können. Diese Regeln sind vergleichbar mit den Arbeitsbedingungen und Arbeitszeiten, die erstellt werden, wenn man ein Haus baut.

Der dritte sehr wesentliche Schritt in eine erfolgreiche Zusammenarbeit ist eine produktive Kommunikationskultur. Du solltest wissen, wie deine Aussagen bei deinem Partner ankommen. Du solltest auch kommunizieren dürfen, wie die Aussagen des Gegenübers bei dir ankommen. Eine neue, offenere Kommunikation kann sehr viel Gutes herbeiführen – und man kann sie bewusst etwas lenken, indem man etwa einen wöchentlichen Besprechungszeitpunkt vereinbart – zum Beispiel, dass man sich jeden Freitagabend gemeinsam auf die Couch setzt und Themen bespricht wie: Was hat mich diese Woche beschäftigt? Was möchte ich ändern? Diese offene Kommunikation zwingt uns förmlich dazu, am Ball zu bleiben und sich so gegenseitig die Sicherheit zu geben, dass man angehört und wahrgenommen wird. Die Sicherheit, dass man ernst genommen wird.

Der vierte Schritt zum wirksamen Wiederaufbau von Vertrauen ist, dass man gemeinsam etwas ganz Neues unternimmt. Es muss für beide Beteiligten neu sein. Sei es, dass man irgendwohin in den Urlaub fährt, wo keiner von beiden je zuvor gewesen ist, oder dass man gemeinsam ein neues Projekt auf die Beine stellt. Oder dass man ein ganz neues Ritual erschafft: zum Beispiel, gemeinsame Kinobesuche zu machen oder gemeinsam einem Sportverein beizutreten oder einem Yoga-Club. Man kann auch gemeinsam beginnen, ein Instrument zu erlernen. Unwichtig, was man tut - Hauptsache, es ist für beide vollkommen neu und man macht es gemeinsam.

Und der fünfte wesentliche Schritt ist die Abmachung, dass der Vertrauensaufbau über allem anderen steht. Das heißt, es darf nicht passieren, dass dann der Kumpelabend wichtiger wird als das gemeinsame wöchentliche und vertrauensvolle Gespräch. Oder dass die beste Freundin auf einmal wichtiger wird als das neue Ritual, das man gemeinsam pflegt.

Wenn wir mit diesen fünf wichtigen Schritten und Elementen achtsam umgehen und dem Aufbau des Zuhauses viel Respekt und Liebe entgegenbringen, dann kann diese wunderbare Energie nur Gutes bewirken. Und dieses Gute verbreitet sich überallhin: Es überträgt sich auf Freunde, Bekannte, Verwandte, auf das Arbeitsumfeld und auf alles Weitere.

Und das wohl Schönste, was ich allen von Herzen wünsche, ist der Moment, wenn man draußen auf der Terrasse des neu erbauten Hauses sitzt, den Sonnenuntergang genießt und einfach weiß, dass dieses nun viel solidere, widerstandsfähigere Haus so schnell nichts mehr erschüttern kann.

5 Schritte zum Wiederaufbau von Vertrauen

1. **Gemeinsam die bewusste Entscheidung treffen:** Ja, wir wollen das Vertrauen wieder aufbauen.

2. **Neue Regeln:** Beide dürfen je eine Regel bestimmen, die ihnen dabei hilft, das Vertrauen wieder aufzubauen.

3. **Neue, offene Kommunikation:** gemeinsam wird ein neuer kommunikativer Kern bestimmt.

4. **Neues unternehmen:** gemeinsam unternimmt man etwas bisher komplett Neues.

5. **Alle diese Elemente über alles andere stellen:** Es darf kaum etwas Wichtigeres als den Wiederaufbau des Vertrauens geben.

Krisenmanagement

Wo Liebe ist, da ist die Angst nicht weit entfernt. Die Angst, alleingelassen zu werden oder nicht zu genügen, die Angst, ausgegrenzt zu werden. Ängste, denen wir alle schon begegnet sind. Wenn sie da sind, lassen sie sich nur schlecht ignorieren. Wenn sie da sind, sind sie da. Jede Angst, die bei uns oder bei unserem Beziehungspartner aufkommt, trägt das Risiko eines möglichen Streits in sich. Und unnötige Streitigkeiten zu verhindern - ein optimales Krisenmanagement zu haben -, ist eine der größten Erfolgsregeln für eine langfristige Beziehung. Mit einem guten Krisenmanagement kann man in den entscheidenden Momenten, in denen sich eine Krise anzubahnen scheint, die richtigen Maßnahmen ergreifen - was einen ausgewogenen Einsatz von Kopf, Bauch und Herz zugleich erfordert. Denn viele sind dann zu sehr in ihrem Herzschmerz und der Weg von dort bis zu den Tränen ist kurz. Andere wiederum sind zu sehr mit ihrem Bauchgefühl beschäftigt, welches unsere Prägungen aus unserer Vergangenheit spürbar macht. Deshalb ist es in Krisensituationen wichtig, wieder ein Gleichgewicht herzustellen zwischen Herz, Bauch und Kopf. Der Kopf kommt nämlich in Krisenzeiten oft zu kurz, weil wir die Angst im Bauch oder im Herzen spüren und dann auch mit beiden antworten wollen. Wenn man Menschen danach fragt, wo sie ihre Angst spüren, antworten

99 Prozent aller Befragten, dass sie sie entweder im Bauch, zwischen Bauch und Brustbereich, nahe der Brust oder beim Hals wahrnehmen. Überall dort, wo das vegetative Nervensystem für unsere Wahrnehmungen verantwortlich ist. Deshalb ist es von großer Bedeutung, dass wir in Krisensituationen auch die Ratio aktivieren, damit wir nicht völlig im Gefühl der Angst aufgehen. Doch den Kopf einzusetzen, das ist einfacher gesagt als getan.

Tatsache ist: Man kann es üben. Man kann üben, in Krisensituationen ruhig zu bleiben. Eine Fähigkeit, die sich Menschen im Rettungsdienst, Ärzte und Anwälte aneignen müssen. Doch wie übt man das? Man legt sich außerhalb von Krisenmomenten eine Vorstellung bereit, die im Krisenmoment abgerufen werden kann. Die Vorstellung muss absolut abstrakt sein und darf überhaupt keinen Zusammenhang mit der Situation oder mit der Angst haben. Im besten Fall ist es eine so abstrakte Vorstellung, dass du sie so in deinem Leben noch nie gesehen hast. Zum Beispiel die Vorstellung einer Katze, die in roten Gummistiefeln Trampolin springt. Oder die Vorstellung eines Hundes, der in eine Zitrone beißt. Das Grundkonzept dahinter ist, dass man die Festigung der Verbindungen der Synapsen in unserem Gehirn, die mit der Angst verbunden sind, verhindert. Sämtliche Verbindungen, die die Angst herstellen will, sollen damit zerstört werden. Auf diese Weise nehmen wir der Angst den Raum. Genauer gesagt geben wir nicht ihr den Raum, sondern der Katze oder dem Hund. Wenn die Angst zu wenig Aufmerksamkeit bekommt, verschwindet sie, immer mehr und mehr. Und plötzlich ist sie weg. Einfach weg.

Wenn du merkst, dass dein Beziehungspartner gerade in einer Angst ist, so ermutige ihn, an diese lustige Katze oder an den

Hund zu denken. Und stell deinem Partner dann Fragen dazu, zum Beispiel, welche Farbe heute die Gummistiefel der Katze haben.

Durch diese Fragen veranlasst du dass ihr wieder in die positiven Gefühle finden könnt.

Wenn dein Gegenüber in der Angst gefangen war und du es mit dem absurden, neutralen Bild etwas aus dem Gefühl herausholen konntest, besteht der zweite und maßgebliche Schritt darin, dass du deinen Partner dazu motivierst, an eine ganz konkrete, schöne Vorstellung aus der positiven gemeinsamen Zukunft zu denken. Ein Bild, das demjenigen, der in der Angst gefangen war, guttut. Natürlich dürfen auch beide unterschiedliche Zukunftsvorstellungen haben, an denen sie sich erfreuen. Es kann aber auch dieselbe Zukunftsvorstellung sein. Zum Beispiel, wie ihr beide zusammen mit den Kindern zum Strand fahrt. Oder wie ihr euch umarmt, wenn die Tochter ihren Schulabschluss macht. Damit du dein Gegenüber dazu veranlassen kannst, dass es in dieser schönen Zukunftsvorstellung und damit in der positiven Energie bleibt, solltest du ihm eine konkrete Frage stellen. Zum Beispiel: „Sag mir: Mit welcher Note wird unsere Tochter die Schule abschließen?" Damit bewirkst du, dass dein Partner in den positiven Gedanken bleibt. Du programmierst nicht nur deinen eigenen Geist auf positive Weise, sondern auch den deines Beziehungspartners.

Krisenmanagement:

1. Denke, sobald sich eine Krise anbahnt, an einen neutralen, aber absurden Gedanken, der völlig zusammenhanglos ist und der es dir ermöglicht, die Ratio zu aktivieren und den negativen Gedankenprozess zu durchbrechen

2. Denke an ein konkretes Detail aus der gemeinsamen Zukunft mit deinem Beziehungspartner.

Wenn du deinen Partner dazu motivieren möchtest, dieses Krisenmanagement anzuwenden, dann stelle ihm konkrete Fragen zur absurden, neutralen Vorstellung sowie im Anschluss eine konkrete Frage zu einem Detail der positiven Zukunftsvision deines Gegenübers.

Die Hollywood-Beziehung

Wir sehen sie im Fernsehen. Wir lesen von ihnen in den Zeitschriften. Wir hören von ihnen im Radio. Und wir sehen ihre Erfolge in den Kinos und auf den Konzerten: Von allen Seiten werden uns Idole und Vorbilder, die wir bewundern, achten und respektieren, und ihre Vorzeigebeziehungen präsentiert. Wie der kanadische Psychologe Albert Bandura bereits in den frühen 1960er-Jahren in seinen Werken festhielt, lernen Menschen ein Leben lang nach Modellen. Wir lernen folglich auch an Vorbildern. Aus diesem Grunde zweifeln wir keine Sekunde lang an den Hollywood-Beziehungen, die uns mit einer Selbstverständlichkeit verkauft werden. Für unser Gehirn stellen diese Beziehungen einen anzustrebenden Maßstab dar. Die Beziehungen, die unsere Vorbilder führen, sind folglich unsere Vorbildbeziehungen. Und diese Verknüpfung ist für unsere zwischenmenschlichen Beziehungen fatal. Denn keine Hollywood-Beziehung kann vergleichbar mit unseren „menschlichen" Beziehungen sein. Unsere sozialen Beziehungen sind wahre Beziehungen. Echte Beziehungen. Beziehungen mit Substanz. Beziehungen, die durch Höhen und Tiefen gehen. Im Vergleich zu unseren wertvollen Beziehungen sind Hollywood-Beziehungen ausschließlich Vorzeigebeziehungen. Es sind Beziehungen, die einen wirtschaftlichen Zweck verfolgen, die den

Medien Unwahrheiten vorgaukeln, bloß damit die Protagonisten der Beziehungen keine Fans verlieren. Im Gegenzug zu diesen oberflächlichen Scheinbeziehungen aus Hollywood bringen unsere tiefen sozialen Beziehungen Erfolge mit sich: Erfolge in der Persönlichkeitsentwicklung, in unserer geistigen Entwicklung. Erfolge in der Verbesserung im respektvollen Umgang miteinander.

Wenn du also in deinen persönlichen Beziehung feststellt, dass du mal hier, mal da keine so einfachen Zeiten hast, wie sie dir von den Promis in den Medien glaubhaft gemacht werden, so lass dich davon nicht täuschen: Nur du alleine bestimmst den wirklichen Wert einer guten Beziehung. Die einen finden ihn in der Ehrlichkeit. Andere darin, auch schlechte Zeiten gemeinsam zu meistern. Andere wiederum vielleicht in der Tatsache, dass man gemeinsam für etwas kämpft. Egal, was es ist: Du bestimmst den wahren Wert, der deine Beziehung zu einer wertvollen Beziehung macht, die dich stärkt und dich voranbringt.

Bindungs- und Trennungsängste

Verbundenheit – das gehört zu den schönsten Erfahrungen überhaupt. Und gerade weil sie so schön ist, fürchten sich viele davor, die Verbundenheit wieder zu verlieren. Eine Angst, die viele Menschen darin hemmt, eine engere Verbindung überhaupt erst einzugehen – obwohl sie eine tiefe Anziehung zu einem anderen Menschen verspüren. Diese Angst gibt dem Zurückgewiesenen oft das Gefühl, nicht zu genügen oder nicht gut genug zu sein für eine tiefere Verbindung mit ihm. So fragt sich oftmals das Gegenüber: „Bin ich nicht intelligent genug? Bin ich nicht hübsch genug? Oder liegt es daran, dass ich zu wenig Geld verdiene? Bin ich zu dick? Zu dünn?" Fragen über Fragen. Fragen, durch die man sich im Kreis dreht. Derjenige, der die Bindung nicht eingehen kann, antwortet ausweichend auf die Frage nach dem Weshalb: „Ich weiß selbst gerade nicht, wo ich im Leben stehe." Oder: „Ich finde dich echt toll, aber ich kann mir derzeit noch keine Beziehung mit dir vorstellen."

Antworten, die uns mit Überlegungen plagen wie: „Sobald du also wieder Orientierung in deinem Leben hast, wirst du dich entscheiden können?" Oder: „Heisst das, dass vielleicht später einmal etwas aus uns werden könnte?" Das sind Überlegungen, mit denen wir uns unnötig quälen. Denn für die Beantwortung dieser Fragen gibt es letztendlich zwei übergreifende Optionen:

Kein Interesse: Der Mensch, an dem wir Interesse haben, hat schlichtweg kein Interesse an uns. Dies kann tatsächlich daran liegen, dass für diesen Menschen irgendwelche spezifischen Dinge von ganz großer Bedeutung sind. So beispielsweise die Körpergröße oder das monatliche Gehalt oder das Aussehen. Wenn jemand solche Ansprüche hat, stellt sich die Frage: Möchtest du mit einem solchen Menschen wirklich eine tiefere Bindung eingehen? Mit einem Menschen, der dich und deine fantastischen Werte auf ein einziges Merkmal reduziert?

Eigene Prägungen: Die Prägungen aus der Vergangenheit – meist Kindheit und Jugend – lösen in dem Menschen, an dem du Interesse hast, eine Angst aus, sich zu binden. So könnte es beispielsweise sein, dass er als Kind oft von den eigenen Eltern abgewiesen wurde oder man ihn in der Schule ausgeschlossen oder sogar gemobbt hat. Diese Prägungen sitzen sehr tief. So tief, dass sein Unterbewusstsein natürlich realisiert, dass er verletzbarer wird, wenn er eine Bindung mit jemandem eingeht. Verletzbarer, weil er sich zu seinen Gefühlen bekennt. Gefühle, die man verletzen könnte. In diesem Fall sollte man sich darüber im Klaren sein, dass eine Beziehung mit diesem Menschen womöglich kein Zuckerschlecken werden wird. Offensichtlich hat sich unser Gegenüber bestimmte Prägungen und Verletzungen aus seiner Vergangenheit noch nicht angeschaut und deshalb dominieren sie sein Leben immer noch – so sehr, dass er lieber auf eine engere Bindung mit einem Menschen verzichtet. Nun stellt sich die Frage: Kann man auf so wenig Vertrauen in die Bindung eine Beziehung aufbauen, die wirklich von Anfang an beiden guttut? Sollten nicht die Gefühle der Liebe über all dem stehen dürfen – über all den Ängsten, verletzt zu werden? Ist er wirklich der Richtige, wenn er seinen Prägungen so viel Raum und der Liebe nicht mal eine Chance gibt?

Wenn du dir, bevor du eine Beziehung eingehst, deinen Wert bewusst machst, bleibst du dir und deiner Selbstliebe treu. Denn das Allerwichtigste ist, dass du dich selbst nicht verlierst. Und dass du deinen Wert nicht für jemand anderen heruntersetzt. Du hast es nicht nötig, anderen hinterherzulaufen. Du hast es nicht nötig, vor anderen auf die Knie zu fallen und darum zu bitten, dich genauso zu behandeln, wie du sie behandelst. Und du hast es nicht nötig, dein Gegenüber darauf hinzuweisen, dass es dir auch mal tiefere Gefühle zeigen könnte.

Wenn du dich beispielsweise in der Kennenlernphase deinem Gegenüber sehr öffnest, die Person aber deine süßen kleinen Flirts völlig missachtet, solltest du nicht zu lange hoffen, „dass sie sich bald auch öffnet". Wer dich einfach toll findet, öffnet sich – und zeigt es dir. Sobald du immer wieder neu Anlauf nehmen musst, um von deinem Gegenüber auch mal ein Kompliment oder eine süße Aussage zu erhalten, solltest du dir grundlegend Gedanken darüber machen, ob du eine solch einseitige Emotion wirklich verdient hast; oder ob du nicht vielleicht doch etwas Besseres verdient hast.

Der gleiche Fall tritt ein, wenn dein Partner dich nach einer bestimmten Zeit des gemeinsamen Beziehungslebens plötzlich nicht mehr so behandelt, wie du es dir wünschst. Auch da stellt sich die Frage, ob du einen negativen Umgang mit dir verdient hast. Ich bezweifle es. Wenn du dein Gegenüber darauf ansprichst – im Rahmen eines ruhigen und konstruktiven Gespräches –, wird dies zum einen deinen Attraktivitätsstatus in die Höhe schnellen lassen, weil Menschen, die sich selbst wichtig sind, generell attraktiver sind als solche, dies es nicht sind; zum anderen wird die Beziehung durch das klärende Gespräch hoffentlich wieder Aufschwung bekommen. Durch die offene und ehrliche Kommunikation können sich beide Seiten all das von der Seele reden, was ihnen schon länger Bauchschmerzen bereitete.

Wenn all dies jedoch nichts bringt und Herz, Bauch und Kopf sagen, dass es sinnvoller ist, die Beziehung zu beenden; wenn die Gefühle der Liebe nicht mehr wirklich durchschimmern, so stellt sich die Frage, was dich noch daran hindert, den Schritt in die Trennung zu wagen. Es lassen sich im Allgemeinen drei große hemmende Gründe nennen, weshalb wir den Schritt in die Trennung, den wir eigentlich machen wollen, doch nicht umsetzen können.

Das Gefühl, nicht zu genügen: Wer sich trennen will, spielt in Gedanken die Trennung vom Anfang bis zum Ende durch. Bloß leider meist etwas über das „Ende" hinaus. Auf einmal kommen Gedanken auf wie: „Was, wenn ich ihn plötzlich Hand in Hand mit einer anderen sehe?" Oder: „Was, wenn sich danach herausstellt, dass ich nie sein Typ gewesen bin? Wenn seine nächste Freundin eine ist, die ganz anders ausschaut?" Fragen, die aus unserer Angst entstehen, nicht zu genügen. Aus der Angst, feststellen zu müssen, die ganze Zeit über belogen worden zu sein. Viele haben große Angst vor dem Gefühl, nicht zu genügen, wenn man den Exfreund plötzlich mit einer anderen sieht, die man als „viel besser" bewerten würde. Und diese Angst kann viele davon abhalten, die Beziehung zu beenden. Nur stellt sich hier die Frage: Wäre nicht gerade in diesem Fall eine Trennung zugleich ein fantastischer Test, der dir verdeutlichen könnte, ob du für ihn wirklich der größte und wichtigste Mensch auf Erden warst? Denn wenn du ihn nur wenige Tage später mit einer anderen sehen solltest, so hast du ja die Gewissheit, dass er keine Mühe aufbringt, um dich zurückzugewinnen, und die Werte, die er dir vermittelt hat, gelogen waren.

Die Entscheidung bereuen: Einige würden sich nie trauen, die Entscheidung einer Trennung umzusetzen, schlichtweg aus der Angst heraus, diese Entscheidung zu bereuen: Es könnten später ja doch wieder

Gefühle für den Beziehungspartner aufkommen. In diesem Fall könnte eine vorübergehende Beziehungspause eine Möglichkeit darstellen, herauszufinden, wie sich diese Entscheidung über einige Tage oder Wochen anfühlt. Würde sich dein Partner während dieser Beziehungspause gleich für eine andere Person entscheiden, wäre er sowieso nicht der richtige für dich.

Verlust: Viele trennen sich nicht – obschon das innere Bedürfnis dazu besteht –, weil sie Angst haben, dass sie dadurch etwas Wertvolles verlieren. Meist handelt es sich hierbei um die gemeinsamen Freunde, die man verlieren könnte, oder um die Familie des Beziehungspartners, mit der man nach der Trennung nichts mehr zu tun hätte. In seltenen Fällen handelt es sich bei dem Verlust um Materielles, wie das Einkommen des Partners oder Güter, die man teilte. Oft tritt dieser Grund gleichzeitig mit der Angst auf, alleine zu sein. Alleine, weil all das, was das eigene Leben ausgefüllt hat – die Beziehung, die Familie des Partners, die gemeinsamen Freunde –, plötzlich wegfiele und sich das eigene Leben dann „leer" anfühlen würde. Und auch hier gilt: Wenn nur Freunde, Familie oder materielle Güter die Beziehung am Leben erhalten, so kann mit Gewissheit behauptet werden, dass diese Beziehung nicht mehr auf Gefühlen aufbaut, sondern auf rationalen Gegebenheiten.

Wann auch immer eine Trennung Zweifel herbeiführt, sollten wir uns die Frage stellen, ob diese Zweifel rationaler Natur sind, also vom Kopf herkommen, ob sie vom Bauch – von der Ebene der Ahnung – herrühren oder ob sie vom Herzen – von der Ebene des Gefühls – stammen. Und wann immer man die Trennung angeht, sollte man sich vergegenwärtigen, dass eine Trennung immer beide Seiten durchmachen und dass sie ein sehr intensiver Prozess ist, der ganz viel verändern kann. Allein durch das Aussprechen der Trennung ist sie noch nicht in Stein gemeißelt; oftmals ist die Trennung – oder die Androhung einer Trennung – ein letzter Hilferuf, der das Gegenüber wachrütteln und es wieder mit dem Herzen fühlen lassen möchte.

Viele Beziehungspartner, die eine Trennung angehen, vereinen sich wieder, weil die Trennung plötzlich die Werte wieder bewusst macht, die durch unnötige Streitereien und den falschen Fokus in der Beziehung völlig untergegangen waren. Bereichernd und auch stressärmer ist wohl die gemeinsame Lösungsfindung in der Beziehung. Oftmals genügt es, wenn beide Seiten es sich wieder aneignen, mit dem Kopf zu denken, mit dem Bauch zu erahnen und mit dem Herzen zu fühlen. Und nicht, wie es viele tun, mit dem Kopf zu fühlen. Der Kopf kann nicht fühlen, er kann nur denken. Jedes Organ – Kopf, Bauch und Herz – hat bestimmte Fähigkeiten und letztendlich auch eine ganz bestimmte Aufgabe. Wenn wir mit dem Kopf zu fühlen versuchen, wäre das ebenso absurd, wie wenn man im Restaurant das bestellte Essen wieder zurückgehen ließe mit der Begründung: „Das Essen hört sich schlecht an." Ja, Essen kosten kann man nur mit der Zunge. Man kann auch kein Musikstück mit den Augen schauen. Man muss es hören. Deshalb sollte man das Formulieren von Sätzen vermeiden, die ungefähr so lauten: „Ich glaube, mein Mann liebt mich nicht mehr." Glauben tut man mit dem Geist, nicht aber mit dem Herzen. Wie fühlt es sich an, wenn du dir selbst sagst: „Ich fühle, dass mich mein Mann nicht mehr liebt", und diese Aussage neben die Aussage stellst: „Ich fühle, dass mein Mann mich liebt"?

Was fühlt sich wahrer an?

Paartherapie

Jede Beziehung ist eine natürliche Form der Paartherapie. Denn in jeder Beziehung werden wir an unsere Ängste und Verletzungen herangeführt und verfolgen unbewusst das Ziel, die Ängste zu überwinden und die Verletzungen heilen zu lassen – mithilfe der Liebe und der Verbundenheit. Ein Therapeut ist – gemäß der Wortherkunft des griechischen Wortes „therapon" für „Gefährte", wie oben bereits erklärt – ein Begleiter auf unserem Weg, der uns dazu veranlasst, mal hier, mal da andere Perspektiven einzunehmen. Perspektiven, die wir vorher womöglich nicht sehen konnten, weil wir zu sehr in den eigenen Verletzungen verstrickt waren. Jeder hat einen Therapeuten verdient. Denn Therapie bedeutet nichts Schlechtes, sondern etwas Wunderschönes. Therapiert zu werden bedeutet, begleitet zu werden. Wer eine Therapie beginnt, der will etwas aus seinem eigenen Potenzial machen; der will an den eigenen Ängsten arbeiten und das Unterbewusstsein und das Bewusstsein auf Erfolg, Verbundenheit und Freiheit programmieren. Therapeuten begleiten uns und helfen uns dabei, unseren Horizont zu erweitern – neue Gedanken zu gewinnen und damit auch neue Gefühle zu festigen. Der Paartherapeut erkennt Zusammenhänge, sieht ineinandergreifende Prozesse zwischen beiden Beziehungspartnern und begleitet beide, einzeln wie auch zu zweit, auf dem Weg zu einer gemeinsamen Wunschvorstellung. So wie die von mir begründete Paartherapie-Methode, die ich an meinem Institut für Geistige Entwicklung lehre. Eine Methode, die auf einfache und zugleich direkte Art und Weise beide Beziehungspartner unterstützen soll – mittels Arbeit mit ihrem Bewusstsein wie auch mit ihrem Unterbewusstsein.

Im Grunde sind wir alle bereits Paartherapeuten, denn wir alle waren schon mal für einen Freund die Schulter zum Anlehnen, wenn dieser in einer Beziehungskrise war. Und vielleicht kannst du nun auch konkrete Techniken aus diesem Buch nutzen, um mit ihrer Hilfe bei deinen Freunden bessere Gefühle herbeizuführen, wenn diese wieder in Beziehungskrisen sind. Denn es ist die Verbundenheit miteinander, die uns guttut. Die Verbundenheit, die uns stärkt und Halt gibt.

Therapiert euch gegenseitig – es ist ein großartiges Erlebnis, wenn die Tränen des Partners plötzlich wieder trocknen und er wieder lächeln und die wunderschönen Seiten des Lebens genießen kann.

Schlusswort

Unser Leben ist ein Wunder. Ein Wunder, das wir in dieser Form nur für eine begrenzte Zeit genießen können. Dessen sollten wir uns vermehrt bewusst werden: dass unsere Lebenszeit auf diesem Planeten begrenzt ist. Und trotzdem leben wir alle so, als hätten wir unbegrenzte Zeit zur Verfügung. Oft muss man erst erfahren, dass das Ende näher ist, als es uns in dem Gehetze des Alltags bewusst war, um sich zu erlauben, das Leben so zu leben, wie es einem selbst am besten gefällt. Du solltest dein Leben so leben, wie du deinen Kaffee trinkst. Die einen trinken ihn mit Milch, aber ohne Zucker, andere hingegen trinken den Kaffee ohne Milch, dafür mit Zucker, andere wiederum mögen ihn mit Sahne und Zucker oder schwarz. Genauso solltest du dir die Frage stellen, wie du dein Leben am liebsten leben möchtest – und nicht, wie andere wollen, dass du dein Leben lebst. Es wird immer „Vertikale" geben, die dich herumkommandieren wollen. Die dich einschüchtern und dir Angst machen wollen, bloß weil es ihr Selbstwertgefühl in diesen Momenten pusht. Doch solche Menschen musst du nicht in deinem Leben behalten. Du hast etwas ganz anderes vor: die positiven Seiten des Lebens sichtbar zu machen. Denn auch wenn noch so viel Negatives um uns herum zu herrschen scheint: die positiven Seiten unseres Lebens bleiben positiv und bereichernd. Es gibt sie.

Ja – ich sage dir: Ich weiß, dass es sie gibt. Die heilsamen Momente. Die heilsamen Begegnungen. Die heilsamen Botschaften. Die positiven Energien, die dich schützen und ganz Großes bewirken lassen. Und auch wenn mal etwas nicht so angenehm ist, so versuche zu erkennen, worin dich diese Erfahrung weiterbringen wird. Denn am Strand zu liegen und das Leben zu genießen gehört zwar zu den schönsten Erlebnissen überhaupt – doch eine geistige Weiterentwicklung findet womöglich in solchen Momenten nicht statt. Wenn wir Hürden, Blockaden, Ängste und andere schwierige Situationen zu bewältigen haben, so lernen wir in diesen Momenten weitaus mehr, als jedes Schulbuch uns je lehren könnte.

Lass dich nicht unterkriegen und lass dich nicht verarschen – sondern folge deiner inneren Stimme und bewirke mit deiner positiven Energie ganz Großes! Denn wenn unsere Welt etwas braucht, dann sind es Menschen wie du, die erkennen, welch positives Potenzial in uns allen schlummert!

Von Herzen nur das Allerbeste
Gabriel

Geistige Entwicklung

Sich geistig weiterzuentwickeln ist eine so wundersame Sache, dass sie mit Worten kaum zu beschreiben ist. Wenn wir uns plötzlich geistig so sehr entwickelt haben, dass wir uns nicht mehr kleinkriegen lassen. Oder wenn wir in den Situationen völlig cool reagieren, in denen wir früher aus der Haut gefahren wären. Wenn wir unsere Ängste ablegen und die wunderschönen Seiten des Lebens genießen können. Diese Erkenntnis, dass wir uns bis zu unserem letzten Atemzug geistig weiterentwickeln können, ist doch eine wunderbare Perspektive. Es bedeutet, dass das Positive nie aufhört. Es ist immer da. Und wir wissen auch, nach aktuellsten neurologischen Thesen, dass sich unsere Synapsen im Gehirn ein Leben lang neu verknüpfen. Bis ins hohe Alter. Unser Gehirn kann sich jederzeit eine ganz neue, positive Einstellung aneignen. Es kann jederzeit eine unbrauchbare Angst vor die Tür setzen. Oder es kann sich resetten und alte Muster einfach so deaktivieren – und dafür neue, wunderschöne Muster entstehen lassen. Denn Muster können auch wunderschön sein: Eine süße Macke an einem Menschen ist ein Muster. Eine schöne Denkweise eines Menschen ist ein Muster. Muster sind natürlich und überall. Jede Schneeflocke hat ein Muster. Jedes Blatt in der Natur hat ein Muster. Und jede Baumrinde hat eine Musterung. Wir können uns jederzeit neue Denkweisen, Einstellungen und Perspektiven aneignen. Und das Schönste an der ganzen Sache ist: Unser Unterbewusstsein ist den ganzen Tag über bestrebt, diese tollen Seiten zu finden. Ohne dass uns dies bewusst auffällt. Das ist in etwa vergleichbar mit unserem Immunsystem, welches Tag und Nacht arbeitet. Es steht für das Gute ein, für den Schutz. Für den Erhalt des Positiven. Ebenso verhält sich unser Unterbewusstsein: Es arbeitet Tag und Nacht. Die Nacht über verarbeitet es in unseren Träumen die am Tag erlebten Inhalte und den Tag über verarbeitet es direkt erlebte Inhalte mittels Aussagen, Bildern, Ideen und Tagträumen und weist uns den Weg zur positivsten Einstellung, zu den hilfreichsten Gedanken und zu dem für uns besten Leben. Denn ja – wir geben zu jedem Zeitpunkt unser Bestes. Zu jedem Zeitpunkt. Auch dann, wenn wir im Nachhinein etwas, das wir getan haben, bereuen, sollten wir uns die Gelassenheit aneignen, einzusehen, dass wir auch zu dem Zeitpunkt unser Bestes gegeben haben. Wir sind zu jedem Zeitpunkt unseres Lebens die beste Version von uns selbst. Und ja, auch dann, wenn wir etwas nur tun, um uns zu schützen. Oder auch dann, wenn wir für etwas einstehen, was sich später doch als ganz anders herausstellt. Und auch dann, wenn wir uns in Menschen getäuscht haben – auf Menschen hereinfielen und enttäuscht wurden. Auch dann haben wir unser Bestes gegeben.

Das Wichtigste bei all den Erlebnissen ist, dass wir uns die Gewissheit geben, dass wir im Prozess der geistigen Entwicklung bleiben. Wir sind stets im Prozess. Wir entwickeln uns ständig. Deshalb verändern sich auch unsere Gedanken, unsere Gewohnheiten und unser Umfeld. Aus diesem Grunde biete ich im Institut für Geistige Entwicklung die Möglichkeit, diesen Prozess, in dem wir alle sind, positiv zu beeinflussen. In meinem Institut in Bern leite ich persönlich diverse Ausbildungslehrgänge. So beispielsweise den zum/zur diplomierten und zertifizierten Hypnosetherapeuten/Hypnosetherapeutin, anerkannt von zwei Verbänden – einem schweizerischen und dem größten weltweit. Diese Kurse besuchen Menschen, die sich beruflich umorientieren und anderen Menschen helfen wollen. Es gibt kaum etwas Schöneres, als wenn man als Hypnosetherapeut einen Menschen geistig begleitet und wundersame Dinge miterlebt. So beispielsweise, wie sich die Menschen, die man begleitet, von Ängsten befreien oder eine Sucht ablegen oder sich nach Jahren wieder mit jemandem versöhnen.

Auch leite ich den Ausbildungslehrgang zum/zur diplomierten Gesprächstherapeuten/Gesprächstherapeutin nach der Methode INVALUATION® und den Lehrgang zur Paartherapeutin/zum Paartherapeuten nach eigener Methode. Am Institut für Geistige Entwicklung finden jedoch auch andere Kurse und Lehrgänge von positiv gestimmten Lehrtrainern statt. Denn jeder Mensch sollte die Möglichkeit haben, zu zeigen, was in ihm steckt.

Weitere Informationen findest du unter: www.ifge-online.ch.

Dank

Es gehört wohl zu dem Herausforderndsten überhaupt, die Dankbarkeit, die man in sich trägt, halbwegs so auszudrücken, wie man sie fühlt.

Dankbar zu sein für all das, was wir erleben dürfen – jeden Tag atmen zu dürfen, die Sonne genießen zu dürfen, die unterschiedlichen Düfte wahrzunehmen, Menschen kennenzulernen, Projekte auf die Beine zu stellen – das ist mir heilig.

Deshalb danke ich all jenen Menschen, die mich jemals in meinem Leben mit positiver Energie beschenkt haben. Allen, die mir je ein echtes Lächeln geschenkt haben. Und allen, die mir mit Herzlichkeit und Vertrauen begegnet sind.

So gilt mein allererster Dank dir, liebe Leserin und lieber Leser. Deine Aufmerksamkeit und die Tatsache, dass du mein Buch gelesen hast, ehren mich sehr und ich wünsche mir, dass dieses Buch ganz viel Positives in dir und um dich herum herbeiführen wird. Ich pflege zu sagen: „Um ein wärmendes Feuer zu entfachen, braucht es nur einen Funken. Folglich genügt doch auch ein Funke des Positiven, um das Unmögliche möglich zu machen." Wenn mein Buch diesen einen Funken in dir entfacht, so bin ich sehr dankbar. Und dass dieses Buch ganz viel Wundersames bei dir bewirkt, das wünsche ich dir von Herzen.

Mein besonderer Dank gilt meiner Familie; meiner Mutter als Oberhaupt der Herzlichkeit, die stets mit ihrer Wärme und Hilfsbereitschaft alle Menschen treu und liebevoll begleitet hat und es immer noch lückenlos und mit der größten Selbstverständlichkeit tut. Sie hat uns sieben Kinder nach dem Suizid ihres Mannes ganz alleine großgezogen und nebenher von morgens bis in die Nacht hinein gearbeitet, ohne je zu jammern. Von ihr habe ich Stärke, Resilienz und Leichtigkeit gelernt. Sie hat mich in meiner schweren Zeit, als ich als Kind ständig untersucht wurde und man klinisch nicht herausfinden konnte, was ich hatte, stets mit den besten Gedanken bereichert. Ihre Einstellung, dem Negativen gar keine Gewichtung zu geben, hat mich heilsam vorangetrieben, indem sie mir aufgezeigt hat, dass diese Besonderheit, die ich habe, positiv zu verstehen ist – dass diese Anfälle ein Anzeichen waren für meinen besonders fortgeschrittenen Geist. Wie damals, als ich bereits lesen und schreiben konnte, bevor ich in die Schule kam, und mit ihr abgemacht hatte, im Deutschunterricht so zu tun, als könnte ich es noch nicht. Während ich diese Zeilen schreibe, muss ich wieder schmunzeln. Oder dann, als sie mich zu unzähligen neurologischen Untersuchungen begleitet hat und ich tief in mir spürte, was sie mir immer wieder aufzuzeigen versuchte: dass die Ärzte zwar all die Untersuchungen verlangten, sie aber wüsste, dass mit mir alles in Ordnung sei und ich halt einfach einen besonderen Geist habe. Immer wieder erklärte sie mir mit einer Selbstverständlichkeit, weshalb ich Gabriel heiße. Meine Mutter ist eine heimliche Heilerin und Therapeutin. Danke von Herzen für alles, was du je für mich getan hast. Du weißt, dass die Liebe zu dir eine ist, die niemals Konkurrenz bekommen kann. Dich gibt es nur einmal.

Auch meiner ganzen Familie - Sancho, Carmen, Marisa, Cindy, Jasmine, Trix und allen mit euch Verschmolzenen - danke ich. Unsere Verbundenheit wird ein Leben lang unser Schneckenhaus sein, in dem wir Sicherheit und Geborgenheit finden werden. Denn in der Not ist auf das Schneckenhaus immer Verlass. Immer.

Meinem engsten Umfeld, meinen Begleitern und meinen treuesten Seelen möchte ich von ganzem Herzen danken - denjenigen, die mich näher begleiten, und auch denen, die mich mehr aus der Ferne unterstützen. Ihr habt in meinem Herzen einen ganz besonderen Platz. Marianne Eymann, Max Eymann, Andreas von Arx, Thomas Gygax, Jürg König, Mathias Fischedick und allen, die dazugehören, danke ich aus tiefster Seele. Ein besonderer Dank gilt meinem besten Freund und Verlagsvertreter Joe Fuchs, mit dem ich tolle Bücher publiziere und viele fantastische Momente teile. Auch Pasquale, der nicht mehr mit mir Auto fahren will, weil ich manchmal etwas zu rasant unterwegs bin.

Und ein besonderer Dank gebührt all denen Menschen, die mich jemals verarscht haben. Am meisten denen, die mich damit so richtig herausgefordert haben. Die mich in der Schule gemobbt, geschlagen und mich physisch verletzt haben. Vielleicht seid ihr mit der Grund, weshalb ich nun so viel so Gutes bewirken kann. Mein Dank, meine Aufmerksamkeit gebührt den Menschen, die positive Energie verbreiten. Denn die positive Energie, die wir alle ausstrahlen, kommt auch wieder zurück. Meist zwar in einer anderen Form – oftmals unerwartet –, aber dafür umso schöner. Und genau diese wundersame Erfahrung, wie die positive Energie zurückkommt, wünsche ich dir, liebe Leserin und lieber Leser, ganz besonders. Denn du hast es verdient!

Kontakt

Wenn du mit mir verbunden bleiben möchtest, so kannst du das auf verschiedenen Wegen machen – und das freut mich natürlich auch, wenn wir verbunden sind, denn Verbundenheit ist eines der schönsten Gefühle. Und in der Verbundenheit ganz Schönes und Großes zu bewirken, ist das Tollste überhaupt.

Du findest mich unter anderem ...

über meine Webseite: *www.gabriel-palacios.ch*
oder über Facebook: *www.facebook.com/autorgabrielpalacios*
oder über das Institut für Geistige Entwicklung:
　　www.ifge-online.com
Den Verband Schweizer Hypnosetherapeuten findest du über
www.v-s-h.ch
Meine Gesprächstherapie-Methode namens INVALUATION®,
Ausbildungstermine und Therapeuten findest du über
　　www.invaluation.com
Den Cameo Verlag findest du über *www.cameo-verlag.com*
Auch biete ich einen Onlinelehrgang zum zertifizierten Entscheidungscoach an: *www.entscheidungs-coach.com*

Die Adresse meines Arbeitsplatzes in Bern lautet:

Palacios Relations
Gabriel Palacios
Rosenweg 25 B
3007 Bern
Schweiz

Telefonisch erreichst du uns unter: +41 31 3715402
oder per E-Mail über *info@palacios-relations.ch*

Wenn du Unterstützung brauchst, so lasse es uns wissen: Wir sind für dich da.

Toll, dass du da bist – schön, dass du zu unserem Club der Menschen gehörst, die sich nicht verarschen lassen. Bravo!

Herzlichst
Gabriel

Test: Welcher Lügnertyp bin ich?

Dieser Fragebogen soll dir Aufschluss darüber geben, welche Lügnertypen in dir besonders ausgeprägt sind. Du kannst diesen Fragebogen aber auch auf einen anderen Menschen übertragen, um herauszufinden, welche Art von Lügner du vor dir hast. Dies gibt dir auch Klarheit darüber, wie du im Idealfall mit deinem Gegenüber umgehen solltest, sollte es dich belügen.

Kreuze je Frage ausschließlich die Antwort an, die am ehesten auf dich oder auf die befragte Person zutrifft:

Wenn ich lüge ...

... merkt man mir das nicht an,
    weil ich sehr überzeugend bin. □ A

... merkt man mir das nicht an,
    weil ich sehr clever bin. □ B

... merkt man mir das an,
    weil ich fast nichts verheimlichen kann. □ C

... kann ich nicht beurteilen, ob man mir
    das anmerkt oder nicht, weil ich fast nie lüge. □ D

Ich lüge ...

... nur dann, wenn ich bedroht werde! ☐ A

... um meinem Gegenüber einen Schritt
voraus zu sein. ☐ B

... meist nur, um mein Gegenüber nicht
zu verletzen. ☐ C

... nur dann, wenn es dem Wohl der
Gruppe dient. ☐ D

Ich glaube ...

... dass der Stärkere gewinnt. ☐ A

... dass Lügen die Welt regieren und
fast alle um mich herum lügen. ☐ B

... dass Schweigen oft Gold sein kann. ☐ C

... dass mein Umfeld im Grunde sehr ehrlich
zu mir ist. ☐ D

Lügende Menschen ...

... wollen mich herausfordern! □ A

... sind falsch und ich kann sie nicht
   ausstehen! □ B

... werden schon einen wesentlichen Grund
   für ihre Lügen haben. □ C

... sind teils ganz schlimm und teils ganz okay. □ D

Wenn ich merke, dass man mich belügt ...

... weise ich sie oder ihn zurecht! □ A

... verabschiede ich diesen Menschen aus
   meinem Leben. □ B

... kann ich das ziemlich gut ausblenden und
   vergessen. □ C

... versuche ich den Wahrheitsgehalt darin
   zu finden. □ D

Menschen in meinem Umfeld ...

... lügen, wenn sie etwas wollen. ☐ A

... lügen, wenn sie mich hintergehen wollen. ☐ B

... lügen nur dann, wenn es dem Wohle aller
in der Situation dient. ☐ C

... lügen, um einen bestimmten Aspekt der
Wahrheit etwas hervorzuheben. ☐ D

Lügen sind ...

... dann nützlich, wenn man sich schützen und
durchsetzen muss. ☐ A

... überall – und eigentlich das Schlimmste überhaupt! ☐ B

... sicher manchmal notwendig. ☐ C

... nur dazu da, um die Realität von einer
anderen Seite zu beleuchten. ☐ D

Die Welt wäre ein besserer Ort, wenn ...

... sich alle gegenseitig in Ruhe und einfach
leben lassen würden!   ☐ A

... die Fähigkeit zu lügen nicht bestünde!   ☐ B

... sich alle vornehmen würden, vermehrt
ehrlich zu sein.   ☐ C

... man Lügen nicht mehr als so schlimm
betrachten würde.   ☐ D

Du hast alle Fragen beantwortet, die für die Auswertung des Lügnertypus von Bedeutung sind. Hinter jeder möglichen Antwort steckt die Ideologie des entsprechenden Lügnertypus, die innere Haltung sowie konkrete Wahrnehmungsmuster und Gedanken des entsprechenden Typus.

Zähle nun für deine persönliche Auswertung zusammen, wie oft du die Felder der entsprechenden Buchstaben A, B, C und D angekreuzt hast, und trage die Anzahl der angekreuzten Antworten unten ein:

A	B	C	D
___	___	___	___

Anhand deiner dir nun vorliegenden Statistik kannst du erkennen, welcher Lügnertypus bei dir besonders stark ausgeprägt ist.

Es ist auch möglich, dass mehrere Typen zugleich bei dir ausgeprägt sind.

Der Buchstabe A steht für den Rhinozeros-Lügner
Der Buchstabe B steht für den Schlangen-Lügner
Der Buchstabe C steht für den Reh-Lügner
Der Buchstabe D steht für den Chamäleon-Lügner

Spannend wird es, wenn du diesen Test in unterschiedlichen Situationen und auch zu einem späteren Zeitpunkt wieder durchführst. Im Laufe unseres Lebens können sich diese Typen etwas ändern. Grund dafür sind unterschiedliche Erlebnisse, neue positive wie leider auch negative Prägungen sowie eine stetige Entwicklung unserer inneren Haltung und Ideologie.

Den Test findest du auch online unter:
www.verarsch-mich-nicht.com

HYPNOTISIERE MICH

Wenn Gedanken dein Leben schaffen

In diesem Buch vermittelt Gabriel Palacios Wissen darüber, wie wir Suggestionen im Alltag schneller erkennen und uns davor schützen können. Zudem zeigt er uns auf, wie wir die eigene Verwendung von Suggestionen gezielter ausbauen können. Gabriel Palacios schmückt seine Wissensvermittlung mit spannenden Geschichten von Klienten aus seiner Praxis, welche dank seiner therapeutischen Behandlung mit der Hypnose binnen weniger Sitzungen Ängste, Süchte und anderen Probleme der Lebensbewältigung nachhaltig auflösen konnten

Buch mit Schutzumschlag
Hardcover, 240 Seiten
Fr. 29.90, € 24.90, € 25,60 (AT)
ISBN: 978-3-9524151-0-8
Cameo Verlag

www.cameo-verlag.com

ENDLICH FREI!

Suggestionen für deinen Erfolg

Die vom Schweizer Hypnotiseur und Hypnosetherapeuten Gabriel Palacios aufgesprochene CD „Endlich frei!" vermittelt unterstützende Suggestionen im Kampf gegen Süchte, Ängste und weitere Probleme der Lebensbewältigung. Durch die Audio-CD wird man sanft in einen hypnotischen Zustand versetzt, in dem unserem Unterbewusstsein die Möglichkeit gegeben ist, Suggestionen effizienter und nachhaltiger aufzufassen, zu speichern und umzusetzen.

Die Session wurde von Gabriel Palacios mit sanfter, hypnotischer Stimme aufgezeichnet. In der Audio-Session werden wertvolle Suggestionen zur Stärkung und Befreiung unseres Unterbewusstseins gegeben, die unser Unterbewusstsein zielgerichtet neu und positiv prägen.

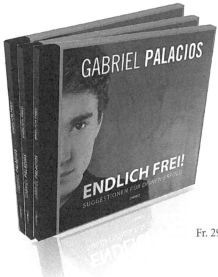

Audio-CD
Cristal-Jewelbox
Dauer: ca. 60 Minuten
Fr. 29.90, € 24.90, € 27,90 (AT)
ISBN: 978-3-9524151-1-5
Cameo Verlag

www.cameo-verlag.com

LASS DICH EINFACH GESCHEHEN

Mit Einsicht in die Gelassenheit

In diesem Buch vermittelt Bestsellerautor und Gedankenexperte Gabriel Palacios nicht nur aufklärendes Wissen im Umgang mit dem Unterbewusstsein, sondern weist uns mit einfachen Tipps den Weg zu mehr Gelassenheit und geistigem Wohlbefinden.
Auf authentische Art und Weise teilt er seine Methoden und Erkenntnisse, mit welchen er aus eigenen negativen Gedanken und Gefühlen herausfand, welche ebenfalls durch Prägungen und Schicksalsschläge aufgekommen waren.

Hardcover, 220 Seiten
Fr. 34.90, € 29.90, € 30,80 (AT)
ISBN: 978-3-9062870-7-2
Cameo Verlag

www.cameo-verlag.com